ARBITRAGEM E CORRUPÇÃO

O dever de denúncia pelo árbitro

Juliana Ferreira da Silva Marçal

ARBITRAGEM E CORRUPÇÃO

O dever de denúncia pelo árbitro

2022

EDITORA JusPODIVM

www.editorajuspodivm.com.br

EDITORA *Jus*PODIVM
www.editorajuspodivm.com.br

Rua Canuto Saraiva, 131 – Mooca – CEP: 03113-010 – São Paulo – São Paulo
Tel: (11) 3582.5757
• Contato: https://www.editorajuspodivm.com.br/central-de-relacionamento

Diagramação: Marcelo S. Brandão *(santibrando@gmail.com)*

Capa: Ana Caquetti

A664 Arbitragem e corrupção: o dever de denúncia pelo árbitro / Juliana Ferreira da Silva Marçal – São Paulo: Editora Juspodivm, 2022.
128 p. (Eduardo Espínola / coordenador Fredie Didier Jr.)

Bibliografia
ISBN 978-65-5680-822-2.

1. Direito Penal. 2. Arbitragem. 3. Corrupção. I. Marçal, Juliana Ferreira da Silva. II. Didier Jr., Fredie. III. Título.

CDD 341.5

1.ª ed., *2.ª tir.:* dez./2022.

Dedico este livro aos meus pais, Sérgio e Liliana, pelo apoio incondicional e exemplo de vida profissional e de ética.

Ao Fausto, por todo o incentivo, paciência e por ser meu ponto de equilíbrio.

Ao meu irmão Thiago, por ser meu aconselhador.

Aos meus quatro avós, meus grandes mentores de vida.

AGRADECIMENTOS

Este livro se originou a partir da minha dissertação de mestrado, defendida em 04 de fevereiro de 2021 na Faculdade de Direito da Pontifícia Universidade Católica de São Paulo.

Agradeço, primeiramente, ao meu orientador Professor Giovanni Ettore Nanni, pela confiança, disponibilidade e preciosos ensinamentos, os quais foram fundamentais para o desenvolvimento deste livro.

Ao Professor José Rogério Tucci, pela aceitação do convite para compor a Banca Examinadora da minha dissertação e pelas precisas considerações feitas, bem como pelo precioso auxílio e gentileza de todas as horas.

Ao Professor Francisco José Cahali, pelas ricas discussões desenvolvidas durante as aulas do mestrado e pelas importantes provocações feitas em sua arguição, as quais fizeram as ideias evoluir para compor este livro.

Aos meus pais, meus grandes exemplos de seres humanos e advogados, pelos inúmeros debates sobre o tema e ideias trocadas, todos essenciais ao aprofundamento da minha pesquisa, e por todas as lições de vida.

À linda família de que faço parte e ao Fausto, pelo amor partilhado todos os dias.

À toda minha equipe do Lefosse Advogados, na pessoa do Pedro Maciel, pelo estímulo, apoio e compreensão.

À Elis Wendpap pela grande colaboração na definição do tema e na busca de materiais.

Por fim, agradeço aos professores Emmanuel Gaillard (*in memoriam*) e Yas Banifatemi pelas brilhantes aulas e discussões desenvolvidas no curso de direito internacional privado de Haia, especialmente sobre o tema de arbitragem e corrupção, as quais fizeram me apaixonar ainda mais pelo tema.

APRESENTAÇÃO

Juliana Ferreira da Silva Marçal honrou-me com o convite para escrever a apresentação de sua obra *Arbitragem e corrupção*: o dever de denúncia pelo árbitro. A satisfação é ainda mais elevada em função de ter acompanhado o progresso de sua pesquisa perante a Faculdade de Direito da Pontifícia Universidade Católica de São Paulo (PUC-SP).

Desse modo, tive a oportunidade de constatar que as proposições externadas não são precipitadas, mas, pelo contrário, resultam de louvável e contínua exploração acadêmica, em que suas ideias foram amadurecendo na medida em que sua investigação avançava.

O meu convívio com seus estudos na temática teve início na derradeira etapa de sua Graduação em Direito perante a PUC-SP, ocasião em que fui por ela consultado para orientá-la em sua monografia de conclusão de curso. Naquele momento, no ano de 2017, Juliana Marçal já evidenciava entusiasmo, apresentando saliente dedicação na busca de material bibliográfico específico, então escasso.

Concluído tal percurso e obtido o grau, aquilo que para a expressiva maioria representaria o fim de um ciclo foi diferente para a autora. Isso porque ela não abandonou a averiguação, mantendo aceso o seu interesse, uma vez que indiscutivelmente comportava ulterior desenvolvimento, de tal sorte que poderia contribuir com a ciência jurídica em estágio universitário subsequente.

Sendo assim, participou do processo seletivo para ingresso no Mestrado em Direito perante a PUC-SP, tendo sido aprovada, sob minha orientação. Seu projeto de pesquisa igualmente versava acerca da problematização em torno da atribuição do árbitro nas hipóteses em que se depara com casos de corrupção evidenciados em contratos que ensejam disputas resolvidas por arbitragem.

O livro agora publicado consubstancia a versão aprimorada de sua dissertação de mestrado, ante a inclusão de sugestões elaboradas pela banca examinadora, a qual tive o privilégio de presidir, sendo também composta por José Rogério Cruz e Tucci, Professor Titular Sênior da Faculdade de Direito da Universidade de São Paulo, e Francisco José Cahali, Professor Doutor da PUC-SP.

A sessão pública, ocorrida em 4 de fevereiro de 2021, foi marcada por questionamentos de alto nível, notadamente em decorrência do inegável gabarito dos examinadores, sendo que a então candidata logrou êxito na formulação de suas respostas, restando aprovada com triunfo.

Tal relato, por si, patenteia a qualidade da obra, igualmente por seus méritos.

O livro é dividido em quatro capítulos, que bem estruturam o exame da matéria.

Os atos de corrupção consistem na premissa primordial a partir do qual a exposição se desenvolve. Por isso, o primeiro capítulo se ocupa de situar a sua abrangência, trazendo o conceito jurídico aplicável, incluindo as formas de combate nos âmbitos nacional e internacional.

Cuida-se de mal infelizmente presente em variadas esferas, que, por vezes, emerge no contexto de uma disputa arbitral, o que desafia a atuação do árbitro, visto que, tendo em consideração a sua missão de decidir a disputa do caso concreto por meio da prolação da sentença arbitral, é tema controverso se subsiste ou não o seu dever de denunciar o ato de corrupção que constatou naquele determinado procedimento arbitral, em especial porque a lei é omissa quanto a tal situação.

Disserta, no segundo capítulo, quanto aos princípios arbitrais que são relevantes para o enfrentamento dos atos de corrupção, empreendendo ponderação de vetores cardeais na matéria para justificar a sua linha de pensamento, com destaque para a competência-competência, a confiança e a ética, sem olvidar da imparcialidade, da independência, da competência, da diligência e da discrição que se impõem ao árbitro, bem como a confidencialidade, marca emblemática no tópico.

No terceiro capítulo discorre a respeito da concretude do tema, dado que indica as principais questões que podem surgir aos árbitros, no curso do procedimento arbitral, por ocasião da análise de contratos possivelmente contaminados por corrupção.

A autora é advogada com atuação na área contenciosa em escritório empresarial de grande padrão, com vivência no atendimento a clientes nacionais e internacionais. Usa a experiência adquirida na sua atividade profissional para transitar com desenvoltura no exame de precedentes, intrínsecos ao assunto, oriundos de cortes arbitrais e judiciais, assim também orientações doutrinárias, todos nos cenários nacional e estrangeiro, problematizando no que tange a particularidades, métodos de análise, teorias e dispositivos legais. Exibe, destarte, rico material apto a ser utilizado em consultas para fins práticos e científicos.

O dever de denúncia pelo árbitro às autoridades competentes relativamente aos indícios de corrupção apresentados no procedimento arbitral é a temática objeto do quarto capítulo.

Aprofunda o debate *vis-à-vis* a confidencialidade do procedimento arbitral, legislações anticorrupção e contra a lavagem de dinheiro. Sustenta que há, por analogia, dever legal de denúncia por parte do árbitro, assim como lhe é atribuído o dever ético de enfrentar atos de corrupção percebidos no trâmite de procedimento arbitral. Segundo conclui a autora: "[o]s árbitros não devem hesitar em adotar um papel proativo na luta contra a corrupção".

A publicação representa manifesta contribuição na matéria, que vem alcançando elogiável e indispensável desenvolvimento. De fato, não se pode transigir com a corrupção, pelo que o sério estudo agora veiculado tem o mérito de enriquecer a literatura pátria. Enalteço, assim, as virtudes da obra, congratulando Juliana Marçal pela sua edição.

Giovanni Ettore Nanni

Livre-Docente, Doutor e Mestre em Direito Civil pela PUC-SP.

Professor de Direito Civil nos Cursos de Graduação e de Pós-Graduação *Stricto Sensu* na PUC-SP, na qual também atua em atividades ligadas à Arbitragem e à Mediação.

Advogado e Consultor Jurídico em São Paulo.

PREFÁCIO

Na órbita do diálogo acadêmico, a defesa da dissertação revela-se o momento crucial para que o postulante ao mestrado demonstre, *coram populo*, o domínio da temática desenvolvida e possa assim dar o primeiro passo da árdua carreira no magistério superior.

A Dra. Juliana Ferreira da Silva Marçal não foi minha aluna no bacharelado, mas, por razões de cunho familiar, mantive com ela ao longo do tempo contato esporádico, sempre notando o seu inequívoco interesse em continuar os seus estudos no programa de pós-graduação da Faculdade de Direito da Pontifícia Universidade Católica de São Paulo, sob a orientação segura do meu estimado Colega, Professor Giovanni Ettore Nanni.

Acompanhei com entusiasmo a evolução do projeto de dissertação de mestrado da Dra. Juliana, que, em várias ocasiões, revelava-me a sua preocupação na análise de questões relativas ao assunto escolhido. O interesse com que, de longe, vinha seguindo a sistematização do material e a elaboração do trabalho foi, para mim, motivo de enorme satisfação.

Depositada a dissertação sob o instigante título *Arbitragem e corrupção: o dever de denúncia pelo árbitro*, qual não foi a minha surpresa quando fui honrado pelo convite para participar da respectiva banca examinadora.

Finalmente, chegara o momento da defesa pública da monografia.

Em tal importante ocasião, depois de me preparar para a arguição, pude verificar o talento da examinanda, firme nas respostas e consistente no debate então travado com os membros da banca examinadora. Obteve ela, por mérito próprio e para orgulho de toda a família, aprovação com reconhecido brilho.

Foi, portanto, com renovada alegria que aceitei o convite formulado pela Dra. Juliana Marçal para prefaciar a edição comercial de sua excelente dissertação, apresentada como requisito para obtenção do título de Mestre em Direito Civil pela prestigiosa Faculdade de Direito em que se bacharelara em 2017.

O desenvolvimento do relevante tema, que se descortina realmente seminal, encontra-se seccionado, além da introdução e da conclusão, em quatro capítulos muito bem estruturados, que examinam a fundo praticamente toda a problemática emergente do binômico arbitragem-corrupção, implicativo do dever de denúncia pelos integrantes do respectivo painel arbitral.

Ademais, a intrincada e polêmica questão do dever legal do árbitro, em tais circunstâncias, sobretudo no que se refere à sua responsabilidade civil e penal, foi examinada com notável profundidade. Merece ainda destaque especial o problema, enfrentado na dissertação, atinente à possibilidade de a parte reivindicar a restituição do que efetivamente despendeu na execução de contrato obtido por meio de corrupção.

Por não me cativar o exemplo daqueles que a pretexto de apresentação escrevem verdadeiros comentários ou paráfrases, limito-me a reiterar o quanto afirmei, na condição de integrante da banca examinadora, ao ensejo da sessão pública: congratulo-me com a Autora pela profunda monografia que escreveu, inédita na literatura do direito arbitral brasileiro!

Com a continuação de sua trajetória acadêmica, ao mesmo tempo em que brinda os cultores da ciência jurídica com a edição desse magnífico estudo, a Dra. Juliana impôs-se o desafio de, em futuro não muito distante, suplantá-lo com a mesma proficiência.

José Rogério Cruz e Tucci

Professor Titular Sênior regente da disciplina Direito Processual Civil no Curso de Pós-Graduação da Faculdade de Direito da Universidade de São Paulo.

SUMÁRIO

LISTA DE ABREVIATURAS

ABA	-	*American Bar Association*
CCBC	-	Centro de Arbitragem e Mediação da Câmara de Comércio Brasil-Canadá
CCI ou ICC	-	Corte Internacional de Arbitragem da Câmara Internacional de Comércio (em inglês, *International Court of Arbitration of the International Chamber of Commerce*)
CF/88	-	Constituição Federal de 1988 da República Federativa do Brasil
Convenção de Nova York	-	Convenção Anticorrupção Europeia Convenção sobre o Reconhecimento e a Execução de Sentenças Arbitrais Estrangeiras de Nova Iorque de 1958
Convenção ICSID	-	Convenção do Centro Internacional para a Arbitragem de Disputas sobre Investimentos de 1965
ICJ	-	Corte Internacional de Justiça (em inglês, *Internacional Court of Justice*)
PCA	-	Corte Permanente de Arbitragem (em inglês, *Permanent Court of Arbitration*)
CPC/15	-	Código de Processo Civil Brasileiro (Lei n. 13.105/2015)

IBA	–	*International Bar Association*
ICSID	–	Centro Internacional para a Resolução de Conflitos sobre Investimentos (em inglês, *International Centre for Settlement of Investment Disputes*)
LCIA	–	*London Court of International Arbitration*
Lei Anticorrupção	–	Lei n. 12.846/2013
Lei Brasileira de Arbitragem	–	Lei n. 9.307/1996
Lei de Improbidade Administrativa	–	Lei n. 8.429/1992
Lei Modelo da UNCITRAL	–	Lei Modelo da UNCITRAL sobre Arbitragem Comercial Internacional de 1985 (em inglês, *UNCITRAL Model Law on International Commercial Arbitration*), com as alterações adotadas em 2006
NAFTA	–	Tratado de Livre Comércio da América do Norte (em inglês, *North America Free Trade Agreement*)
OAB	–	Ordem dos Advogados do Brasil
ONU	–	Organização das Nações Unidas
UNCC	–	Convenção das Nações Unidas contra a Corrupção (em inglês, *United Nations Convention against Corruption*)
UNCITRAL	–	Comissão das Nações Unidas para o Direito Comercial Internacional (em inglês, *United Nations Commission on International Trade Law*)

INTRODUÇÃO

Em tempos de grandes operações da polícia federal brasileira no combate à corrupção, como a Lava Jato, a área de *compliance* está em destaque. São várias as discussões e questionamentos sobre o tema, especialmente no que se refere à malversação dos recursos públicos, aos prejuízos causados à sociedade e às formas efetivas de combate dessa prática ilegal e imoral. Uma, dentre as tantas questões discutidas, envolve a alegação de corrupção no âmbito da arbitragem - método de resolução de conflitos.

A corrupção está presente em diversos países, não se limitando àqueles em desenvolvimento, nos quais o grau de escolaridade e de institucionalização política é baixo. A existência de programas sofisticados de *compliance* em empresas internacionais e de rigorosa legislação internacional contra a corrupção são fortes indícios de que se trata de um fenômeno universal.

Da simples análise do noticiário recente, verifica-se casos de denúncia de corrupção nos Estados Unidos da América, na França, na Espanha e no Japão, para citar alguns exemplos.

Ao mesmo tempo, o número de arbitragens também está em ascensão, de forma que não é uma surpresa que, cada vez mais, estes procedimentos enfrentem alegações da prática de corrupção nos contratos analisados pelos árbitros.

Atualmente, a corrupção é um dos maiores desafios do comércio internacional, repercutindo de forma prejudicial sobre a celebração, a execução e a lisura dos contratos. É certo que a corrupção tem tido mais evidência nos últimos anos, porém, não é um tema novo. Os tribunais arbitrais têm enfrentado casos de corrupção em seus procedimentos há algum tempo. A sentença mais antiga da Câmara de Comércio Internacional (*International Chamber of Commerce* - ICC) sobre este assunto remonta ao ano de 1963. No caso ICC n. 1110[1], o árbitro Lagergren – sob a função de árbitro único – negou jurisdição sobre uma disputa envolvendo pagamento de comissões advindas de um contrato que apresentava elementos de suborno.

A corrupção nos países em desenvolvimento envolve cifras astronômicas e, sem dúvida, traz um impacto ainda mais devastador à economia, porém, não são estes os únicos afetados. De acordo com uma estimativa oficial do Banco Mundial, o prejuízo trazido por atos de corrupção aos estados afetados é de aproximadamente dois a três trilhões de dólares por ano[2].

Podem surgir casos de corrupção tanto em arbitragens comerciais, como de investimento, no entanto, as alegações mais frequentes envolvem as arbitragens comerciais, que é o foco desta pesquisa.

O tribunal arbitral deve estar preparado para lidar com alegações ou indícios de corrupção em procedimentos arbitrais. Quando confrontados com alegações de corrupção, uma das principais questões dirigidas a um tribunal arbitral é: os árbitros têm a mesma obrigação dos juízes de comunicar ao Ministério Público caso tenham evidências de que o contrato em apreciação no processo arbitral pode resultar de um crime – mais especificamente, de corrupção?

A temática gira em torno da possibilidade de aplicar, por analogia, a regra prevista no artigo 40 do Código de Processo Penal ("CPP") aos árbitros. De acordo com o mencionado dispositivo, "quando, em autos ou papéis de que conhecerem, os juízes ou tribunais verificarem a existência de crime de ação pública, remeterão ao Ministério Público as cópias e os documentos necessários ao oferecimento da denúncia".

O cumprimento desse dispositivo legal, conforme decisão do Superior Tribunal de Justiça no REsp 1.360.534-RS, deve ser literal:

> A abertura de vista ao Ministério Público para eventual instauração de procedimento criminal, após a verificação nos autos, pelo magistrado, da existência de indícios de crime de ação penal pública, não é suficiente ao cumprimento do disposto no artigo 40 do CPP. Isso porque o referido artigo impõe ao magistrado, nessa hipótese, o dever de remeter ao Ministério Público as cópias e os

1. ICC Award n. 1110, 47. **Yearbook Commercial Arbitration**, 1996.
2. CORPOR AID Magazine, n. 24, july-aug., 2014.

> documentos necessários ao oferecimento da denúncia, não podendo o Estado-juiz se eximir da obrigação por se tratar de ato de ofício a ele imposto pela lei.

Além do dever legal, há o dever ético do árbitro de enfrentar atos de corrupção. O árbitro possui obrigações éticas, assim como um juiz estatal. Há uma série de fontes que se combinam para determinar as obrigações éticas dos árbitros; a primeira e mais evidente fonte de deveres são os códigos de ética das próprias câmaras arbitrais.

A questão crucial para o desenvolvimento do tema é como esta alegação de corrupção será comprovada. São raros os casos em que há provas claras de ocorrência de corrupção. Desprovido de qualquer poder para obrigar terceiros a testemunharem no procedimento ou para abrir uma investigação criminal, o árbitro não deve confiar em evidências circunstanciais a fim de decidir se houve um caso de corrupção.

Na ausência de instrumentos de investigação adequados, e considerando as difíceis provas da corrupção, os árbitros deveriam considerar-se servidores das partes ou da justiça?

Duas posições diversas têm sido adotadas pelos árbitros: ativa ou passiva. Na posição ativa, o árbitro denuncia a prática de corrupção e revela-se um servidor da justiça. Já na posição passiva, o árbitro recusa-se a enfrentar as alegações de corrupção por razões relacionadas à sua limitação de poderes e de jurisdição. Nessa última hipótese, os árbitros poderiam ser utilizados como instrumentos para validar a legalidade de um contrato considerado ilegal, tornando-se involuntariamente cúmplices de transações corruptas.

E essa eventual postura passiva dos árbitros embasa o grande temor dos especialistas da área no sentido de a arbitragem se tornar um reduto de corrupção, pois a confidencialidade do procedimento atrairia partes que pretendem ocultar atos de corrupção, afetando a credibilidade e a lisura do procedimento.

Apesar da popularidade alcançada pelo tema nos últimos anos, é importante registrar que se trata de assunto novo, com bibliografia escassa e muitas questões em aberto, de forma que esta pesquisa se propõe a investigar os deveres dos árbitros perante suspeitas de atos de corrupção e construir questões inéditas envolvendo o assunto.

No capítulo 1, será tratado o conceito de corrupção e as formas de combate à corrupção, tanto nacionais, quanto internacionais. Já no capítulo 2, serão traçados os princípios arbitrais relevantes para o enfrentamento de atos de corrupção. Ambos visam apresentar os conceitos e princípios que serão explorados ao longo do texto, durante o desenvolvimento das questões técnicas, e que são essenciais para o desdobramento do tema. Conceitos irrelevantes para a compreensão do tema não serão explorados.

As principais questões que podem surgir aos árbitros quando da análise de contratos contaminados por corrupção em uma arbitragem são objeto de discussão do capítulo 3. Dentre elas, a arbitrabilidade de disputas envolvendo alegação de corrupção, lei aplicável aos atos de corrupção, ônus de provar alegações de corrupção e consequências aplicáveis ao contrato em disputa. Tratam-se de questões bastante atuais e controversas, sem consenso firmado por parte da doutrina em nenhuma delas.

O capítulo 4 dedica-se a analisar o dever de denúncia pelo árbitro às autoridades competentes, em sua faceta legal e ética; a faculdade de renúncia do árbitro; além da questão prática relacionada à implementação de canal de denúncia próprio para este fim. Este capítulo traz discussões inéditas e foi desenvolvido visando despertar o debate de aspectos pouco explorados pela doutrina tradicional.

Ao final, serão oferecidas conclusões acerca de como e em qual medida deve se dar o enfrentamento de alegações de corrupção surgidas na arbitragem.

Para o desenvolvimento de todos esses temas, será essencial a análise de precedentes arbitrais, citados ao longo de todo o texto, além da doutrina nacional e internacional – esta última traz análises mais profundas e detalhadas sobre o tema, razão pela qual é citada em diversas oportunidades ao longo da pesquisa.

Importante frisar que o estudo de precedentes arbitrais foi elemento fundamental para a construção dessa dissertação dada a escassez de bibliografia sobre alguns dos temas abordados.

1

ATOS DE CORRUPÇÃO EM CONTRATOS SUBMETIDOS À ARBITRAGEM

Neste capítulo, será apresentado o conceito legal de corrupção, como também os instrumentos jurídicos para combatê-la nos âmbitos nacional e internacional. Ao final, será introduzida a corrupção como uma questão que desafia a atuação do árbitro.

1.1. CONCEITO JURÍDICO DE CORRUPÇÃO ADOTADO NO BRASIL E AS FORMAS DE COMBATE À CORRUPÇÃO NACIONAL

A sociologia, a economia e a ciência política não tratam do conceito de corrupção da mesma forma que os operadores do direito o fazem. O centro de pesquisa das ciências sociais é voltado para identificar as causas e os efeitos da corrupção, enquanto a ciência do direito busca uma definição precisa que auxilie na detecção do crime.

A origem da palavra corrupção vem do latim *corruptio* que, por sua vez, deriva do verbo *corrumpere*, que significa quebrar em pedaços. De acordo com o dicionário Houaiss[1], corrupção é

> "Ato, processo ou efeito de corromper"; "Ato ou efeito de subornar uma ou mais pessoas em causa própria ou alheia, geralmente com oferecimento de dinheiro"; "termo jurídico". Disposição apresentada por funcionário público de agir em interesse próprio ou de outrem, não cumprindo com suas funções, prejudicando o andamento do trabalho".

---

1. HOUAISS, Antônio; VILLAR, Mauro de Salles. **Dicionário Houaiss da Língua Portuguesa.** São Paulo: Objetivo, 2009, p. 848.

E a tipificação dessas condutas como crime é tema antigo, que se mantém atual ao longo da história da humanidade, especialmente no que se refere ao combate à corrupção.

O Código elaborado por ordem do Rei Hamurábi da primeira dinastia babilônica na Mesopotâmia, no século XVII a.C, continha 282 leis escritas, extremamente severas, baseadas no princípio de Justiça de Talião, "olho por olho, dente por dente", inclusive com previsão de punir e expulsar magistrados que cometessem erros, o que inibia a prática de corrupção e a omissão em apurá-la.

Posteriormente, a Lei das XII Tábuas, elaborada durante o período do Império Romano, em 450 a.C., publicada em 12 tabletes de madeira, que foram afixados no Fórum romano para conhecimento tanto dos patrícios, quanto dos plebeus, definia os direitos privados e os procedimentos, dentre os quais os do julgamento. Especificamente, na Tábua IX que determinava que não haveria privilégios no cumprimento da lei, havia regra explícita sobre a corrupção dos juízes: "Se um juiz ou um árbitro indicado pelo magistrado receber dinheiro para julgar a favor de uma das partes em prejuízo de outrem, que seja morto".

Nas Ordenações Filipinas, do ano de 1603, que vigoraram no Brasil até 1916, com a publicação do Código Civil Brasileiro, no Título LXXI, do Livro V: "Officiaes Del-Rey que recebem serviços, ou peitas e das partes que lhas dão ou prometem" estão sujeitos à perda do cargo, além de pagar na proporção de um para vinte o valor que tiver recebido.

No âmbito do ordenamento jurídico nacional, destacam-se os seguintes regramentos a respeito da corrupção:

- ✓ (i) Código Penal: estabelece duas formas de corrupção, a passiva e a ativa e as define individualmente.

Nos termos do artigo 317 do Código Penal, a corrupção passiva consiste em "solicitar ou receber, para si ou para outrem, direta ou indiretamente, ainda que fora da função ou antes de assumi-la, mas em razão dela, vantagem indevida, ou aceitar promessa de tal vantagem".

Nos termos dos ensinamentos de Julio Fabbrini Mirabete e Renato Fabbrini,

> o objetivo da tutela jurídica é o funcionamento da administração pública, no que diz respeito à preservação dos princípios de probidade e moralidade no exercício da função. O crime, por um lado, compromete a eficiência do serviço público e, por outro, põe em perigo o prestígio da administração e a autoridade do Poder Público[2].

Já a corrupção ativa está definida no artigo 333: "oferecer ou prometer vantagem indevida a funcionário público, para determiná-lo a praticar, omitir ou retardar ato de ofício".

Do exame desses dois tipos penais, verifica-se que o crime de corrupção passiva somente pode ser praticado por funcionário público, na definição penal prevista no artigo 327[3], o que o caracteriza como crime funcional. Já a corrupção ativa pode ser cometida por qualquer pessoa, inclusive por funcionário público, tratando-se de crime comum contra a Administração Pública. Assim, apesar de certas particularidades em comum, esses dois tipos penais não se confundem.

A consumação do delito de corrupção ativa não depende do efetivo recebimento e nem do aceite da vantagem pelo funcionário público, basta a conduta do agente de oferecer ou prometer. Se em razão da oferta ou da promessa, o funcionário público retardar, não praticar ou executar o ato infringindo dever funcional, a pena do agente é aumentada em um terço.

Na corrupção passiva, como já mencionado, o sujeito ativo do crime somente pode ser o funcionário público, ainda que não esteja naquele momento exercendo sua função pública, em razão de férias, licenças médicas, etc., que solicita ou recebe a vantagem indevida, ou aceita a promessa desta. A finalidade desse dispositivo legal é proteger a Administração Pública contra atos que possam ser praticados por seus funcionários contrários ao interesse público e, portanto, prejudiciais à sociedade.

A consumação do crime de corrupção passiva ocorre com o ato do funcionário público de solicitar, receber ou aceitar a promessa de vantagem indevida, que pode ser de cunho patrimonial ou não. Nesse sentido, é esclarecedor o acórdão do Superior Tribunal de Jus-

---

2. MIRABETE, Julio Fabbrini; FABBRINI, Renato. **Manual de direito penal**. 34. ed. São Paulo: Atlas, 2019, p. 300.
3. BRASIL. Código Penal (1940). Art. 327. Considera-se funcionário público, para os efeitos penais, quem, embora transitoriamente ou sem remuneração, exerce cargo, emprego ou função pública.

tiça, prolatado no Recurso Especial n. 1.519.531/SP, com relatoria do Ministro Sebastião Reis Junior:

> O crime de corrupção passiva é formal e se consuma com a prática de um dos verbos nucleares previstos no art. 317 do Código Penal, isto é solicitar ou receber vantagem indevida, ou aceitar promessa de vantagem, sendo, pois prescindível a efetiva realização do ato funcional.

Nas condutas receber vantagem ou aceitar a promessa de vantagem impõe-se, necessariamente, o concurso de duas ou mais pessoas, ou seja, a bilateralidade da conduta: o particular corruptor que pratica o crime de corrupção ativa e o funcionário público corrompido, que comete o crime de corrupção passiva.

De outra parte, a conduta solicitar vantagem exige apenas o agir do funcionário público que demanda, para si ou para outrem, vantagem indevida para executar, retardar ou praticar ato funcional contrário às regras legais.

Mas, em qualquer das três modalidades de condutas típicas da corrupção passiva, é necessário demonstrar que a prática ou a omissão do ato, em razão da corrupção, está dentro da esfera de competência do funcionário público.

Interessante observar o reflexo da crescente reprovação social no Brasil em relação ao crime de corrupção nos julgamentos. Como exemplo, cita-se o Supremo Tribunal Federal ao apreciar o *Habeas Corpus* n. 117.040-DF, sob a relatoria do Ministro Gilmar Mendes. Ao julgar o pedido da Defensoria Pública de aplicar o princípio da insignificância ao infrator que praticou os crimes de furto qualificado de bens e corrupção ativa, ao tentar subornar os policiais, negou a sua aplicação, como também negou o privilégio previsto no artigo 155, § 2º, do Código Penal, destacando a reprovabilidade social do delito e a necessidade de desestimular essas práticas.

✓ (ii) Lei de Improbidade Administrativa – Lei Federal n. 8.429/1992.

A Lei de Improbidade Administrativa regulamentou o dispositivo constitucional do artigo 37, § 4º, segundo o qual os atos de improbidade administrativa implicam a suspensão dos direitos políticos, a indisponibilidade dos bens e o ressarcimento ao erário, na forma prevista em lei, sem prejuízo da ação penal cabível.

Referido texto normativo descreveu condutas, padrões de comportamento que a sociedade não espera do agente público e nem do particular que mantém relações comerciais com a Administração Pública, de modo a preservar a integridade da coisa pública e do interesse público. Nesse sentido, dispôs que suas regras são aplicáveis ao agente público e àquele que induza ou concorra para a prática do ato ou dele se beneficie, direta ou indiretamente (artigo 3º).

E mais, no caso de enriquecimento ilícito perderá o agente público ou terceiro beneficiário os bens ou valores acrescidos ao seu patrimônio (artigo 6º).

Diante dessas premissas legais, o legislador descreveu no artigo 9º os atos de improbidade administrativa que importam enriquecimento ilícito, por recebimento de vantagem patrimonial indevida em razão do exercício de cargo, mandato, função ou emprego, de forma a combater a corrupção.

Paralelamente, o texto legal descreve as condutas que causam prejuízos ao erário, quer omissivas ou comissivas, culposas ou dolosas, que acarrete perda patrimonial, desvio, apropriação, malbaratamento ou dilapidação dos bens de entidades públicas (artigo 10).

Por fim, foram descritos os atos de improbidade administrativa que atentam contra os princípios da Administração Pública, dentre os quais o dever de honestidade, imparcialidade, legalidade e lealdade às instituições (artigo 11). Todas essas condutas previstas em lei, em sua grande maioria, são motivadas pela corrupção, daí estarem previstas sanções severas atingindo o patrimônio ilícito que a prática do ato de improbidade tenha permitido acumular, o ressarcimento ao erário e a perda do cargo, expurgando agentes públicos corruptos da Administração Pública.

Além das medidas na esfera cível, que podem ser objeto de ação civil pública de improbidade administrativa, nada obsta que sejam apurados no âmbito penal a responsabilidade pelos crimes contra a Administração Pública previstos no Código Penal, especialmente os de corrupção ativa e passiva, bem como o crime de responsabilidade do agente político por improbidade, com fundamento no artigo 85, V, da Constituição da República e Lei Federal n. 1.079/1950.

Nesse sentido, o Supremo Tribunal Federal assentou entendimento no julgamento da Questão de Ordem na Petição n. 3923[4] de que "os agentes políticos estão sujeitos a uma dupla normatividade em matéria de improbidade, com objetivos distintos", coexistindo a Lei de Improbidade Administrativa e a Lei de Responsabilidade, inexistindo a duplicidade de punição pelo mesmo fato. Isto porque, enquanto a primeira tem natureza civil, direcionada ao agente público, que pode ser agente político, a segunda visa apurar o crime de responsabilidade em processo político-administrativo, que possui regime especial.

✓ (iii) Lei Anticorrupção - Lei Federal n. 12.846/2013.

A Lei Anticorrupção prevê a responsabilização objetiva, nos âmbitos civil e administrativo, de empresas que praticam atos lesivos contra a Administração Pública nacional ou estrangeira. Em outros termos, a empresa que contrata com a Administração Pública pode ser responsabilizada, ainda que não tenha sido produzida prova do dolo ou da culpa, pelos atos lesivos ao erário previstos no seu artigo 5º.

As sanções estabelecidas na lei são severas:

- *na esfera administrativa*: aplicação de multa que varia de 0,1% a 20% do último faturamento bruto anterior à instauração do processo administrativo, a qual nunca será inferior à vantagem auferida indevidamente, além da publicação da decisão condenatória, que macula a imagem da empresa, prejudicando novos contratos com a Administração Pública.

---

4. Caberá ao Juízo da 7ª Vara da Fazenda Pública do Tribunal de Justiça de São Paulo (TJ-SP) realizar a execução de decisão judicial que condenou o deputado federal Paulo Maluf (PP-SP) por ato de improbidade administrativa. Esse foi o entendimento unânime firmado hoje (13) pelo Plenário do Supremo Tribunal Federal (STF) ao julgar uma questão de ordem em Petição (PET 3923) ajuizada pelo Mistério Público de São Paulo (MP-SP) contra o deputado. Em 1995, ele foi condenado a ressarcir aos cofres públicos a verba pública gasta, no valor de R$ 68.726,00, atualizada, e pagar multa equivalente a duas vezes o valor do dano. Em 2001, após o trânsito em julgado da condenação, o MP-SP ajuizou a ação de execução da condenação. Com a sua eleição como deputado federal, em 2007, Maluf obteve decisão judicial favorável, determinando a remessa do processo para o Supremo Tribunal Federal. Foi contra essa decisão que o MP-SP ajuizou petição na Corte. Maluf pretendia que ao seu caso fosse aplicado o entendimento de que agentes políticos não podem responder por atos de improbidade, mas só por crimes de responsabilidade. Como a sentença contra Maluf transitou em julgado e entrou em processo de execução antes dele ser diplomado deputado federal, os ministros decidiram que não haveria possibilidade de o Supremo rediscutir a condenação. "Não caberia ao Supremo se transformar em um mero executor de uma decisão transitada em julgado", disse o ministro Sepúlveda Pertence. **Ele chegou a reiterar sua posição de que agentes políticos podem, sim, ser julgados por atos de improbidade administrativa, sem direito a foro especial. Os ministros Ricardo Lewandowski e Carlos Ayres Britto e a ministra Carmen Lúcia Antunes Rocha também externaram esse entendimento.** *In:* Notícias do STF, 13/06/2007 (grifos nossos).

As sanções administrativas são aplicadas no âmbito de processo administrativo, no qual são assegurados os princípios do contraditório e da ampla defesa.

- *na esfera judicial*: ajuizamento de ação visando a aplicação das sanções do artigo 19, a saber **perdimento de bens, direitos ou valores** que representem vantagem ou proveito direta ou indiretamente obtidos da infração; **suspensão ou interdição parcial de suas atividades; dissolução compulsória da pessoa jurídica; proibição de receber incentivos, subsídios, subvenções, doações ou empréstimos** de órgãos ou entidades públicas e de instituições financeiras públicas ou controladas pelo poder público. Além do ressarcimento dos prejuízos causados aos cofres públicos.

Em razão da edição da Lei Anticorrupção, nos contratos administrativos celebrados com pessoas jurídicas de direito privado, a União Federal, Estados, Distrito Federal e Municípios têm inserido a cláusula anticorrupção, com redação semelhante, no sentido de exigir a observância das regras anticorrupção pelos representantes legais e funcionários, o que significou um grande avanço no combate à prática ilegal e imoral.

Todos esses textos legais nacionais constituem instrumentos jurídicos significativos e eficazes na luta contra a corrupção.

1.2. FORMAS DE COMBATE À CORRUPÇÃO INTERNACIONAL

O combate à corrupção é ainda mais intenso no âmbito internacional, onde existe um consenso geral de que atos corruptos devem ser evitados e desestimulados, com aplicação de severa punição, na medida em que se configuram grave violação à política pública[5].

Por exemplo, os Estados Unidos da América ("EUA") promulgaram uma legislação anticorrupção significativa e agressiva. Há quase quatro décadas, os Estados Unidos promulgaram o *Foreign Corrupt Practices Act* ("FCPA"), que pune indivíduos e empresas que subornaram autoridades estrangeiras. Qualquer cidadão ou residente dos

5. SANTOS, Renato de Almeida dos. ***Compliance* como ferramenta de mitigação e prevenção da fraude organizacional**. 2011. Dissertação (Mestrado em Direito). Pontifícia Universidade Católica de São Paulo (PUC-SP), São Paulo, 2011.

EUA, além de empresas dos EUA e seus funcionários que tenham sido constituídos com base na lei norte-americana ou tenham como principal local de negócios os EUA, estão submetidos ao FCPA. No entanto, o alcance do FCPA também se aplica a subsidiárias estrangeiras de uma empresa norte-americana ou de uma empresa estrangeira que tenha uma classe de títulos registrados sob a *Securities and Exchange Comission* (SEC)[6].

Os países europeus têm leis igualmente rigorosas contra atividades fraudulentas, especialmente nos contextos corporativo e financeiro. Em 1999, a União Europeia criou o Organismo Europeu de Luta Antifraude ("OLAF"). Sua missão é tripla no combate à fraude: (i) investigar alegações de fraude e outras atividades ilegais na União Europeia; (ii) detectar e investigar questões sérias relativas ao exercício de funções profissionais pelos membros e pessoal das instituições e órgãos da UE e (iii) apoiar a Comissão Europeia no desenvolvimento e implementação de legislação e políticas antifraude.

No Reino Unido, o Parlamento adotou a Lei de Produtos do Crime, datada de 2002, que prevê penas criminais de prisão e multas, além de penalidades civis por lavagem de dinheiro e outras atividades financeiras fraudulentas.

Da mesma forma, a França promulgou lei específica contra a lavagem de dinheiro, em 1996.

Além das leis internas que combatem a corrupção, os países passaram a ser signatários de diversos acordos internacionais que abordam essa prática. Um dos primeiros tratados globais para combater a corrupção foi a Convenção Anti-Suborno da Organização de Cooperação e Desenvolvimento Econômico ("OCDE"). Dentre seus membros estão a maioria dos países economicamente avançados do mundo, como também algumas economias em desenvolvimento, como o México e a Turquia.

Em 1997, os membros da OCDE assinaram a Convenção Antissuborno que obrigava os Estados-membros a adotar legislação que criminalizasse o suborno de uma autoridade estrangeira. Além dos países membros, sete países não membros – Argentina, Brasil, Bulgária,

6. FRANCO, Isabel. Os caminhos do *compliance* no Brasil: lições a partir da aplicação da FCPA. *In*: CUNHA FILHO, Alexandre J. Carneiro; ARAÚJO, Glaucio Roberto Brittes. **48 visões sobre corrupção**. São Paulo: Quartier Latin, 2016, p. 785.

Colômbia, Letônia, Rússia e África do Sul - adotaram a Convenção Antissuborno da OCDE.

A Assembleia Geral das Nações Unidas adotou a Convenção das Nações Unidas contra a Corrupção (UNCAC), em 2003. A ONU reconheceu que a corrupção não era mais uma questão local, mas um fenômeno transnacional que afeta todas as sociedades e economias e, portanto, estava convencida de que a cooperação internacional para prevenir e controlar era essencial. A UNCAC obriga os países a cooperarem uns com os outros para limitar a corrupção, incluindo prevenção, investigação e repressão dos infratores[7].

Por fim, vários acordos regionais também abordaram a corrupção, como a Convenção Interamericana contra a Corrupção ("Convenção Interamericana") que exigiu que cada país signatário adotasse "as medidas legislativas necessárias para estabelecer [atos corruptos] como criminosos".

1.3. A CORRUPÇÃO COMO QUESTÃO QUE DESAFIA A ATUAÇÃO DO ÁRBITRO

A corrupção é a ausência da ética nas ações e comportamentos. A preocupação com a ética e com a moral na prática política tem sido mais evidenciada nos últimos anos, culminando em um grande movimento pela ética em todas as esferas de poder, que reivindica posturas francas e abastecidas de moralidade dos dirigentes.

À medida que o combate nacional e mundial à corrupção se intensifica, os árbitros desempenham papel cada vez mais importante no desenvolvimento de respostas a procedimentos arbitrais envolvendo a corrupção.

O dever do árbitro de enfrentar o ato de corrupção ainda é um tema pouco explorado. A maior parte dos autores que trata do assunto foca nos aspectos legais, como o ônus da prova e seu nível de exigência. Raros são os textos que abordam aspectos práticos relacionados aos deveres dos árbitros que suspeitam ou são confrontados com alegações de corrupção em relação à disputa subjacente.

---

7. MARTINS, José Antônio. **Corrupção**. São Paulo: Globo, 2008.

Em abril de 2019, o *Basel Institute on Governance* publicou um guia[8] para árbitros resumindo o pensamento e a prática atual sobre corrupção na arbitragem internacional. Além disso, a ICC, por meio da *Task Force Addressing Issues of Corruption in International Arbitration*[9], visa explorar as abordagens existentes para alegações ou sinais de corrupção em disputas e articular orientações para tribunais arbitrais sobre como lidar com essas ocorrências. A ICC se beneficia da colaboração com a Comissão de Responsabilidade Corporativa e Anticorrupção da ICC, como também da *International Bar Association* (IBA) e da Organização para Cooperação e Desenvolvimento Econômico (OECD).

Estes guias práticos são fundamentais para auxiliar o papel dos árbitros, que é objetivamente difícil: não existe um padrão comum de prova para alegações de crime em arbitragem internacional. Além disso, ainda não está claro em qual circunstâncias pode haver uma inversão do ônus da prova ou o tribunal pode desenhar inferências negativas da falta de cooperação de uma das partes. Outras dificuldades surgem quando se trata das consequências legais da conduta ilegal (como corrupção)[10].

Sobre o tema, Emmanuel Gaillard[11] aponta que, à luz da dificuldade de se encontrar evidências diretas de corrupção, atualmente os árbitros tem aceitado que a corrupção possa ser comprovada através de um número de indícios ou "sinais de alerta" de corrupção. Em certas circunstâncias, árbitros e tribunais podem se afastar da regra tradicional que obsta a análise jurídica de contratos contaminados por corrupção. Ainda, certos casos envolvendo corrupção devem ser resolvidos com base em regras de caráter transnacional, ao invés de regras obrigatórias locais, nas hipóteses em que as regras locais não fazem parte do *lex contractus*. Embora essas respostas à corrupção não tenham adoção unânime em todos os sistemas jurídicos, são

8. COMPETENCE CENTRE ARBITRATION AND CRIME. **Corruption and money laundering in international arbitration a toolkit for arbitrators**. Disponível em: https://baselgovernance.org/. Acesso em: 22 nov. 2020.

9. ICC. **International Chamber of Commerce**. Disponível em: https://iccwbo.org/leadership/#leadershipadr. Acesso em: 22 nov. 2020.

10. LESPIAU, Marion; GOFF, Mark. Investigating allegations of corruption. *In*: **International arbitration**: practical considerations. Kluwer Arbitration Blog, 2020.

11. GAILLARD, Emmanuel. **The emergence of transnational responses to corruption in international arbitration**. Arbitration international, Oxford University Press, 2019, p. 01.

utilizadas em um número significativo de casos e funcionam como princípios gerais na orientação de árbitros que foram obrigados a lidar com questões de corrupção.

O tema da responsabilidade do árbitro decorrente do conhecimento posterior que este venha a ter de ato ilícito, praticado pelas partes, intrínseco ao caso submetido a sua apreciação, é questão das mais tormentosas e que não encontra resposta direta no texto legal. O que aqui se propõe a analisar é a verificação do ato ilícito anterior à instalação da arbitragem e que se agrega aos fatos submetidos à resolução do conflito. Um exemplo clássico é o da cobrança de comissão sobre fechamento de negócio que se revela obtido por meio de corrupção ou o exame de um contrato firmado sob grave extorsão.

Ao menos três são as órbitas em que esses atos ilícitos previamente praticados podem se revelar: (i) o objeto da questão arbitral é por si só um ato ilícito, p.ex., contrato de aposta em jogo ilegal ou a cobrança de remuneração para executar algum crime; (ii) cumprimento de contrato que se revela obtido mediante ilícito, p.ex., cobrança do preço de obra efetivamente realizada por empreiteira para empresa estatal, mas cujo contrato foi obtido por meio de propina; (iii) execução de acordo lícito mas que tenha sido afetado por algum ilícito externo; p.ex., cobrança de honorários advocatícios por êxito em que se descubra que o cliente, com ou sem conhecimento do advogado, corrompeu o juiz; ou cobrança de comissão de corretagem de contrato firmado mediante pagamento de propina, com ou sem participação do intermediário.

As questões, sob certo enfoque, podem parecer únicas: a existência de ato ilícito que contamina o caso submetido à arbitragem. No entanto, as nuances aqui devem ser minuciosamente analisadas, pois a constituição do vício não conduz a uma solução única.

Na primeira hipótese – o ato ilícito é o próprio objeto da arbitragem – o conhecimento pelo árbitro e a sua avaliação deveriam ocorrer previamente à instalação da arbitragem e, portanto, à sua aceitação do ofício arbitral. Entretanto, existe a possibilidade de ocorrer algo não tão evidente que permita ao árbitro a recusa prévia, vindo a ilicitude se mostrar posteriormente ao início da arbitragem.

Na segunda hipótese – negócio lícito, mas obtido por ato ilícito interno – ambas as partes estarão conluiadas, mas, ao contrário da hipótese acima, o que se discute não é o ato ilícito que resultou no acordo de vontades cuja execução veio a ser submetida à arbitragem. Para dar um exemplo bastante atual, uma empreiteira e uma estatal submetem à arbitragem a aplicação ou não de determinado fator de reajuste sobre o preço de uma obra já concluída. Ambas as partes estão dispostas a aceitar a decisão arbitral e tratam o negócio como perfeito e acabado. Ocorre que, no âmbito de uma determinada operação policial, um ex-funcionário da estatal venha a fazer uma delação premiada revelando que aquele contrato, objeto da arbitragem, foi obtido por meio do pagamento de propina. Nesse momento, o árbitro passa a ter ciência do ato ilícito que ambas as partes tinham conhecimento e participação.

Na terceira hipótese – negócio lícito, onde houve um ato ilícito externo – o negócio submetido à arbitragem não padece de qualquer vício intrínseco. Ou seja, os fatos sobre os quais o árbitro deverá exercer a sua análise e posterior pronunciamento não estão diretamente contaminados. Mas, no curso da arbitragem pode surgir a revelação de fato externo que afete a origem do negócio submetido à arbitragem, como nos exemplos citados acima. Questão peculiar a esta hipótese seria a circunstância da inocência de uma das partes alterar ou não, de alguma forma, a responsabilidade do árbitro.

Considerando essa problemática na forma sugerida, será analisado ao longo da pesquisa o poder/dever do árbitro de renúncia e de denúncia aos órgãos competentes decorrente da existência de ato ilícito revelado na arbitragem.

2

PRINCÍPIOS ARBITRAIS RELEVANTES PARA O ENFRENTAMENTO DE ATOS DE CORRUPÇÃO

A arbitragem é um procedimento privado, iniciado com base no acordo das partes em arbitrar. Nos termos do artigo 1º da Lei Federal n. 9.307/1996 ("Lei da Arbitragem"), só poderão valer-se da arbitragem pessoas capazes de contratar e cuja disputa seja oriunda de direitos patrimoniais disponíveis, desde que não haja violação aos bons costumes e à ordem pública.

O procedimento é conduzido e, ao final, resolvido por um árbitro – ou conjunto de árbitros, sempre em número ímpar –, que é a pessoa física indicada pelas partes – ou por delegação delas – para atuar em uma controvérsia envolvendo direito disponível. O árbitro deve solucionar a disputa por meio da prolação de sentença arbitral, que terá força de título executivo judicial e poderá ser executada por qualquer uma das partes, independentemente de homologação judicial.

Em função da sua origem contratual, a jurisdição arbitral não pode alcançar quem não a convencionou. Conforme pondera Gilberto Giusti, "configurando a arbitragem uma opção voluntária das partes contratantes de afastar a jurisdição estatal [...] restaria inócua qualquer tentativa de se trazer à arbitragem, contra sua vontade e/ou contra a vontade de qualquer das partes, quem não participou do acerto contratual"[1].

A arbitragem é substancialmente uma questão de consentimento, que pode ser expressa pelas partes antes do surgimento da

1. GIUSTI, Gilberto. A arbitragem e as partes na arbitragem internacional. **Revista de Arbitragem e Mediação**, São Paulo, ano 03, n. 09, p. 121-122, abr.-jun. 2006.

controvérsia - por meio de uma cláusula inserida em um contrato (cláusula compromissória) - ou depois - por meio de termo apartado (compromisso arbitral). O consentimento das partes não apenas fornece a base para o poder dos árbitros de decidir a disputa, mas também limita esse poder, na medida em que os árbitros só podem decidir questões dentro do escopo do acordo firmado pelas partes.

O árbitro tem, portanto, o dever de julgar, conforme obrigação estipulada no contrato celebrado com as partes. O seu julgamento, segundo o seu melhor juízo, há que considerar as provas que lhe forem submetidas no processo arbitral.

A arbitragem é uma forma de resolução de conflitos com origem em contratos, devidamente disciplinada no Código Civil (artigos 851 a 853), daí a estreita relação entre o instituto ora em estudo e o direito civil. De acordo com Giovanni Ettore Nanni, "os contratos na arbitragem são os negócios jurídicos nos quais surge a controvérsia. Geralmente, são muito complexos, oriundos de operação que não se fundam em um único contrato, mas em uma cadeia com multiplicidade de partes"[2].

Prossegue o autor concluindo que, independentemente do

> negócio jurídico que dá origem à disputa, seja civil, comercial, societário, público etc. [...], em complexos contratos, muitas vezes atípicos, a realidade é que nos fundamentos e princípios, especialmente os contratuais, do Direito Civil que se busca, em maior ou menor escala, a depender do episódio real, o suporte legal da contenda[3].

E mais, a própria relação jurídica estabelecida entre os árbitros e as partes envolvidas no litígio configura contrato civil *sui generis*, ensejador de direitos e obrigações, como arcar com as despesas dos honorários dos árbitros e proferir a sentença arbitral no prazo fixado, obedecendo aos princípios da competência, neutralidade, discrição, confidencialidade, diligência e dever de revelação. A formalização do contrato decorre dos atos de nomeação e de aceitação do árbitro, sendo sua principal característica a não vinculação do árbitro à parte

2. NANNI, Giovanni Ettore. **Direito civil da arbitragem e na arbitragem**. Disponível em: www.direitoaoponto.com.br/o-direito-civil-da-arbitragem-e-na-arbitragem/. Acesso em: 22 nov. 2020.
3. NANNI, Giovanni Ettore. **Direito civil da arbitragem e na arbitragem**. Disponível em: www.direitoaoponto.com.br/o-direito-civil-da-arbitragem-e-na-arbitragem/. Acesso em: 22 nov. 2020.

que o indicou, pois o dever de independência se sobrepõe à relação contratual.

Luiz Olavo Baptista ensina:

> o objeto do contrato é uma empreitada de lavor, onde a obra que será entregue é a sentença (objeto da prestação); o objeto da obrigação é de fazer. Chega-se a esta mediante um procedimento típico, como ocorre na maioria das obrigações de fazer. O contrato é comutativo, pois o árbitro presta o serviço e é remunerado por ele (ainda que a remuneração não seja obrigatória), podendo avaliar essa equivalência, como na compra e venda. É consensual, inominado (pois a lei o conceitua, não nomeia), e sinalagmático. Com efeito, a partir dessa relação, a identidade do árbitro se confunde com sua identidade funcional. Daí decorre o fato de ele ter deveres para com as partes – e os direitos que lhe permitam desempenhar esses deveres – além de ter responsabilidade por seus atos, que segue um regime específico[4].

O árbitro tem, portanto, o dever de julgar, conforme obrigação estipulada no contrato celebrado com as partes. O seu julgamento, segundo o seu melhor juízo, há que considerar as provas que lhe forem submetidas no processo arbitral. Poderá fundamentar a sua decisão na equidade, nesse caso, resolve a questão mediante critério subjetivo do que é justo ou injusto, mas baseado em tradição compartilhada pelas partes, ou no direito, nessa hipótese, interpreta a lei e a aplica ao caso concreto.

Enfim, muitas são as interligações entre o direito civil e o instituto da arbitragem, daí Giovanni Ettore Nanni estudar o direito civil da arbitragem e na arbitragem.

A definição do instituto arbitral está fundamentada em três elementos caracterizadores: (i) meio de resolução de conflitos; (ii) submetido a indivíduos escolhidos pelas partes envolvidas; (iii) por vontade dessas mesmas partes que optaram por tal forma de solução de disputas (facultatividade). Uma vez declaradas suas vontades, torna-se obrigatória a adoção da arbitragem para resolução de eventual disputa.

Pontuados brevemente os principais conceitos envolvendo a arbitragem, passa-se à análise dos princípios arbitrais relevantes para o enfrentamento de atos de corrupção.

---

4. BAPTISTA, Luiz Olavo. **Arbitragem comercial e internacional**. São Paulo: Lex, 2011, p. 177.

2.1. COMPETÊNCIA-COMPETÊNCIA E AUTONOMIA DA CLÁUSULA COMPROMISSÓRIA

Um dos princípios mais conhecidos envolvendo a arbitragem é o princípio da competência-competência, o qual traduz a ideia de que o árbitro é juiz de sua própria competência, o que significa que ele é competente para decidir a respeito da existência, validade e eficácia da convenção de arbitragem em primeiro lugar.

Conforme leciona Giovanni Ettore Nanni[5], o princípio da competência-competência estabelece que o tribunal arbitral é competente para decidir a sua própria jurisdição. Para evitar a interferência judicial em procedimentos arbitrais, os tribunais de justiça brasileiros frequentemente invocam o princípio da competência-competência em favor dos tribunais arbitrais. Embora as partes sejam livres para apresentarem ao Poder Judiciário uma controvérsia quanto à jurisdição de um tribunal arbitral, esses pedidos são rejeitados por esmagadora maioria em virtude do princípio da competência-competência.

A respeito dos benefícios trazidos por esse princípio ao bom funcionamento da arbitragem, George B. Bermann ressalta:

> The Kompetenz-Kompetenz doctrine thus achieves for arbitration what we take practically for granted in litigation. If not for the doctrine, arbitration would be dramatically slower, more expensive and more vulnerable to judicial intervention than it promises to be. Although Kompetenz-Kompetenz may find its doctrinal roots in different sources depending on the legal system, its effect is uniformly viewed as arbitration-friendly[6].

No direito brasileiro, o artigo 485, VII, do Código de Processo Civil [7], prevê que deve se extinguir sem resolução de mérito ação

5. SEREC, Fernando Eduardo; NANNI, Giovanni Ettore; FARIA, Pedro Bento de. **Global Arbitration Review Know-How**. Publicado em: 7 de julho de 2015. Disponível em: http://globalarbitrationreview.com/know-how/topics/61/jurisdictions/6/brazil/. Acesso em: 22 nov. 2020.

6. BERMANN, George A. **International arbitration and private international law**. The Hague Academy of International Law, 2017, p. 95. Tradução livre: "A doutrina Kompetenz-Kompetenz, portanto, alcança para a arbitragem o que consideramos praticamente garantido em litígio. Se não fosse pela doutrina, a arbitragem seria dramaticamente mais lenta, mais cara e mais suscetível à intervenção judicial do que pretende ser. Embora Kompetenz-Kompetenz possa encontrar suas raízes doutrinárias em diferentes fontes, dependendo do sistema legal, seu efeito é uniformemente visto como favorável à arbitragem".

7. BRASIL. Código de Processo Civil (2015). Art. 485. O juiz não resolverá o mérito quando: VII – acolher a alegação de existência de convenção de arbitragem ou quando o juízo arbitral reconhecer sua competência.

judicial que visa discutir o mérito de contrato submetido à cláusula arbitral ou questionar a existência, validade, eficácia ou escopo dessa cláusula arbitral. Ou seja, o Poder Judiciário deve permitir que os árbitros exerçam a prerrogativa de decidir sobre sua própria jurisdição em primeiro lugar[8].

Da mesma maneira que o Código de Processo Civil o faz, a Lei de Arbitragem, em seu artigo 8º [9], parágrafo único, formaliza o princípio da competência-competência.

O artigo 8º da Lei de Arbitragem, além de formalizá-lo, também trata do princípio da autonomia da cláusula compromissória, igualmente relevante para o processo arbitral. De acordo com a Lei de Arbitragem do Brasil, a cláusula compromissória é separável do contrato principal. Assim, a validade e exequibilidade da cláusula compromissória devem ser analisadas separadamente da validade e exequibilidade do contrato principal. Como resultado, mesmo que o contrato principal seja considerado nulo, as partes permanecerão vinculadas à cláusula compromissória como meio de resolução de conflitos.

Sobre este tema, Francisco José Cahali esclarece:

> A cláusula compromissória pode estar estipulada no contrato, ou em documento separado, a ele reportado. Em qualquer situação, ela não é acessória, mas autônoma ao negócio jurídico [...] Em outras palavras, mesmo omisso o instrumento, mas por força da previsão legal, a invalidade de outras cláusulas, ou mesmo de todo o contrato, não contamina a cláusula arbitral que, preenchidos seus requisitos, permanece válida e eficaz[10].

Assim, quando se estabelece a cláusula arbitral relativa a um contrato, na verdade criam-se duas relações jurídicas: o negócio contratado e a arbitragem, no entanto, apenas o tribunal arbitral poderá decidir acerca da existência, validade e eficácia da convenção de arbitragem.

---

8. LAMAS, Natália Mizrahi. Introdução e princípios aplicáveis à arbitragem. *In*: (coord.) LEVY, Daniel; PEREIRA, Guilherme Setoguti J. **Curso de arbitragem**. São Paulo: RT, 2018, p. 49.
9. BRASIL. Lei de Arbitragem (Lei n. 9.307/1996). Art. 8º. A cláusula compromissória é autônoma em relação ao contrato em que estiver inserta, de tal sorte que a nulidade deste não implica, necessariamente, a nulidade da cláusula compromissória. Parágrafo único. Caberá ao árbitro decidir de ofício, ou por provocação das partes, as questões acerca da existência, validade e eficácia da convenção de arbitragem e do contrato que contenha a cláusula compromissória.
10. CAHALI, Francisco José. **Curso de arbitragem**. 6. ed. São Paulo: RT, 2017, p. 181.

Giovanni Ettore Nanni complementa: "se considera a cláusula compromissória um negócio jurídico, derivado de uma declaração de vontade vinculante com o propósito de outorgar aos árbitros a atribuição de julgar as controvérsias"[11].

2.2. A CONFIANÇA E A ÉTICA COMO ELEMENTOS CARACTERIZADORES DA ARBITRAGEM

A Lei de Arbitragem prevê em seu artigo 13, § 1º, o direito das partes nomearem os árbitros:

> Artigo 13. Pode ser árbitro qualquer pessoa capaz e que tenha a confiança das partes.
>
> § 1º. As partes nomearão um ou mais árbitros, sempre em número ímpar, podendo nomear, também, os respectivos suplentes.

Conforme leciona José Rogério Cruz e Tucci, o direito de "escolha das partes pelo "melhor árbitro possível – propicia aos litigantes uma confiança a mais quanto ao modo pelo qual será tratado seu problema"[12].

John Cooley e Steven Lubet destacam que ao escolher o árbitro, a parte não deve se ater apenas ao conhecimento técnico, mas especialmente à ética do candidato:

> Os árbitros devem obedecer a um código de ética que defina os limites éticos do que podem ou não podem fazer no desempenho de suas funções. O árbitro deve manter a confidencialidade de tudo o que lhe for dito durante o procedimento de arbitragem. Ele ou ela deve manter confidencial a natureza do laudo emitido. Um árbitro deve preservar a integridade e a justiça do processo de arbitragem, e deve revelar quaisquer interesses, relações ou parentescos que possam conduzir a parcialidade, ou a prevenções ou preconceitos[13].

Assim, ao escolher o árbitro, a parte deve exigir conduta ética, consubstanciada em seis posturas: (i) condução do processo de arbi-

---

11. NANNI, Giovanni Ettore. **Direito civil e arbitragem**. São Paulo: Atlas, 2014, p. 15.
12. TUCCI, José Rogério Cruz e. **Questões polêmicas do processo arbitral**. São Paulo: Quartier Latin, 2019, p. 19.
13. COOLEY, John W; LUBET, Steven. **Advocacia de arbitragem**. Brasília: Universidade de Brasília, 2001, p. 81-82.

tragem com integridade e justiça; (ii) revelação de quaisquer interesses, relações ou parentescos suscetíveis de influenciar a imparcialidade no julgamento; (iii) comunicação com as partes de modo próprio; (iv) condução do procedimento com diligência e postura; (v) prolação de decisões fundamentadas, justas e independentes; (vi) respeito à confiança e à confidencialidade das funções.

A ética tem papel fundamental na arbitragem. Isto porque a arbitragem tem além da função de resolver conflitos, a de estimular a confiança e o cumprimento das obrigações. O exercício da função de árbitro requer atenção especial às normas de conduta e aos deveres a que está sujeito enquanto investido na função de julgador. A ética do árbitro é a ética da arbitragem, visto que a arbitragem se fundamenta, sobretudo, na consciência moral do árbitro[14]. A arbitragem vale o que vale o árbitro.

Conforme aponta José Emilio Nunes Pinto:

> o sucesso da arbitragem depende do árbitro ou árbitros a quem se confia a solução da controvérsia. Ele é o centro de todo o procedimento e seu desempenho determina o resultado da solução da controvérsia. Em face desse relevante papel desempenhado, surgem, não raro, questões quanto à conduta do árbitro. Dessa forma, na medida em que entendemos que a conduta é fator primordial para o sucesso de qualquer arbitragem, não podemos nos esquivar, em nome da melhor compreensão do instituto, de abordar a importância da ética no procedimento[15].

A tutela da confiança norteia o instituto da arbitragem. Se o direito de escolha do árbitro é elemento caracterizador do instituto da arbitragem, decorrente da autonomia das partes, a impugnação de certo árbitro também o é, justamente para manter o ambiente de confiança no processo arbitral. Portanto, árbitros poderão ser rejeitados se não atendidos os parâmetros de neutralidade (independência e imparcialidade)[16].

---

14. MARÇAL, Juliana. A ética como elemento caracterizador da arbitragem. **Revista de Arbitragem e Mediação**, v. 62, 2019.
15. PINTO, José Emilio Nunes. A importância da ética na arbitragem. *In*: **Âmbito Jurídico 2003**. Disponível em: http://www.ambito-juridico.com.br/site/index.php?n_link=revista_artigos_leitura&artigo_id=3859. Acesso em: 15 maio 2020.
16. O procedimento para rejeição do árbitro está definido na Lei de Arbitragem que prevê a apresentação de exceção pela parte interessada dirigida diretamente ao árbitro impugnado ou ao presidente do

Marcos de Campos Ludwig destaca:

> por força da remissão feita na Lei de Arbitragem ao Código de Processo Civil, os motivos para uma parte recusar a nomeação de um árbitro são os mesmos – "no que couber" – que se aplicam no processo civil (jurisdição estatal) aos "juízes de todos os tribunais" [...][17].

Dentro desse ambiente de confiança e ética que deve permear o procedimento da arbitragem, não se admite a impugnação de árbitro, por impedimento ou suspeição, sem fundamentado requerimento, simplesmente por pretender afastar um julgador melhor qualificado, indicado pela outra parte ou por mero espírito de emulação.

Assim, da mesma forma que se exige dos árbitros conduta ética, que poderia ser brevemente sintetizada em três ações: (i) manter discrição no desempenho de suas funções; (ii) agir com diligência e (iii) não omitir informação relevante, também, as partes estão obrigadas a nortear suas ações pelos mesmos princípios éticos, como: (i) não nomear um árbitro sabidamente não independente; (ii) não impugnar árbitro de forma leviana ou espúria; e (iii) não retardar o procedimento sem justa causa.

Conforme ensina José Rogério Cruz e Tucci, "expedientes dessa natureza devem ser reprimidos pelo tribunal arbitral, sendo de todo recomendável a imediata imposição à parte que abusa do processo desde advertência até sanção pecuniária"[18].

O sucesso da arbitragem depende, essencialmente, da convergência dessas práticas éticas que devem orientar as ações de cada um dos envolvidos na prática arbitral. Tanto o árbitro que viola os seus deveres de discrição, imparcialidade, independência, competência ou diligência, quanto as partes que protelam um processo arbitral regular ou adotam outras práticas condenadas, ambos destroem a confiança

---

tribunal arbitral, com as razões que fundamentam o pedido. Acolhida a impugnação pelo próprio árbitro ou pelo presidente do tribunal arbitral, reconhecendo-se a suspeição ou impedimento, o árbitro será substituído, adotando-se a mesma regra do falecimento: nomear o substituto previamente indicado, se não houver, adotar as regras da instituição arbitral invocada na convenção de arbitragem, salvo se as partes tiverem expressamente acordado que não haverá substituto.

17. LUDWIG, Marcos de Campos. **A reforma da arbitragem** – impedimento e suspeição de árbitros no direito brasileiro por falta de independência e imparcialidade: análise legislativa, pesquisa jurisprudencial e esboço de melhores práticas. Rio de Janeiro: Forense, 2016, p. 119.

18. TUCCI, José Rogério Cruz e. **Questões polêmicas do processo arbitral**. São Paulo: Quartier Latin, 2019, p. 11-12.

que sustenta o instituto da arbitragem como forma alternativa de resolução de conflito.

Esperado liame cooperativo entre os protagonistas do procedimento, individualizado pelo comportamento ético e revestido de boa-fé, minimiza o grau de tensão entre os litigantes e direciona o bom andamento do processo, que culminará em uma decisão célere e justa[19].

Nesse sentido, Giovanni Ettore Nanni e Debora Visconte complementam: "No decorrer dos anos e da experiência, no entanto, notou-se que o instituto não depende unicamente dos árbitros, passando-se a exigir postura ética e profissional de todos os que participam do procedimento – partes, advogados, câmaras arbitrais, peritos, testemunhas etc."[20]

2.3. IMPARCIALIDADE, INDEPENDÊNCIA, COMPETÊNCIA, DILIGÊNCIA E DISCRIÇÃO DO ÁRBITRO

Árbitro é a pessoa física indicada pelas partes – ou por delegação delas – para atuar em uma controvérsia que envolva direito disponível[21]. O árbitro deve solucionar a disputa, por meio da prolação de sentença arbitral, que terá força de título executivo judicial e poderá ser executada por qualquer uma das partes, independentemente de homologação.

O método de escolha dos árbitros dependerá do que foi instituído pelas partes. Estas, por sua vez, possuem autonomia para escolher entre o árbitro único e o colégio arbitral. O único requisito é que o número de árbitros seja ímpar, de sorte a evitar empate na decisão.

A jurisdição do árbitro é restrita ao procedimento no qual foi investido. Como ensina Francisco José Cahali, "árbitro não é profissão, mas situação. O nomeado estará investido da qualidade de árbitro, ou seja, ocupará esta posição apenas no decorrer do procedimento"[22].

No Brasil, não existe um código de ética a guiar as condutas do árbitro, mas a Lei de Arbitragem, em seu artigo 13, § 6º, determina

19. TUCCI, José Rogério Cruz e. Ética e lealdade no processo arbitral. **Revista do Advogado da AASP**, n. 145, abr. 2020, p. 118.
20. NANNI, Giovanni Ettore; VISCONTE, Debora. **A ética e a arbitragem**. Centro de Estudos de Sociedades de Advogados (CESA). Anuário 2014.
21. CARMONA, Carlos Alberto. **Arbitragem e processo**. 3. ed. São Paulo: Atlas, 2009, p. 228.
22. CAHALI, Francisco José. **Curso de arbitragem**. 6. ed. São Paulo: RT, 2017, p. 200.

que o julgador deve manter postura imparcial, independente, competente, diligente e discreta.

No que se refere à imparcialidade, a Lei de Arbitragem exige dos árbitros, tal qual o Código de Processo Civil impõe aos juízes, que mantenham situação de equidistância em relação às partes, especialmente nos casos em que os litigantes os indicam para integrar o tribunal arbitral. Tal postura visa manter a sua imparcialidade, que está ligada diretamente ao dever de transparência.

O árbitro tem conhecimento de que

> só pode exercer a sua missão enquanto conservar a confiança das partes. Por isso, o dever de transparência, garantidor da independência, requisito fundamental, persiste durante todo o curso da arbitragem. Ocorrendo algum incidente grave ou algum fato externo que possa afetar a independência do árbitro no curso do procedimento, cabe a este imediatamente informá-lo ou mesmo renunciar ao mandato [...] [23].

Conforme explica Carlos Alberto Carmona, as partes podem:

> cometer o erro gravíssimo de supor que os julgadores assim apontados haverão de funcionar como verdadeiros advogados da parte que os indicou, favorecendo, portanto, seus interesses. Isto acaba provocando situações desgastantes no seio do próprio tribunal arbitral, especialmente quando o árbitro trata com maior deferência a parte que o indicou, dando-lhe, por exemplo, constantes satisfações acerca do processo arbitral[24].

Diante do evidente comprometimento da imparcialidade nessas situações, alguns doutrinadores passaram a questionar a figura do árbitro indicado pela parte. Nesse contexto, alguns centros arbitrais tentaram estabelecer regras básicas de comportamento no processo arbitral, por exemplo, o Código de Ética da Câmara Arbitral Nacional e Internacional de Milão (*Codice Deontologico dell'Arbitrato*), em seus 13 artigos proíbe algumas condutas, dentre elas, manter comunicação unilateral com qualquer das partes, celebrar acordo com as partes ou seus advogados sobre honorários e despesas.

23. BAPTISTA, Luiz Olavo. **Arbitragem comercial e internacional**. São Paulo: Lex, 2011, p. 173.
24. CARMONA, Carlos Alberto. **Arbitragem e processo**. 3. ed. São Paulo: Atlas, 2009, p. 239.

Além disso, a *International Bar Association* (IBA) elaborou em 2004, com a ajuda de especialistas de diferentes países, um guia sobre conflitos de interesse na arbitragem internacional. Separado em três categorias – vermelha, laranja e verde – elenca situações que impediriam a aceitação ou a manutenção do árbitro até situações que não gerariam conflito de interesse aparente ou efetivo. Francisco José Cahali avalia que este guia conta "com proveitosas orientações sobre questões envolvendo a conduta do árbitro. E mesmo voltado o guia àquela arbitragem, tem grande valia para os procedimentos domésticos"[25].

Tudo isso para garantir, também, a imparcialidade do árbitro, que deve ser autônomo e livre para apreciar a questão litigiosa, o que pressupõe não ter relação econômica, social ou afetiva com uma das partes. Essa característica de imparcialidade do julgador garante que o julgamento não seja influenciado ou subordinado por relações externas ao processo arbitral. Luis Olavo Baptista destaca a importância da independência do árbitro nos seguintes termos:

> A independência é um atributo indispensável para o árbitro. Ela é vista como um dever do árbitro, qualidade cuja ausência impediria sua nomeação, ou sua aceitação da missão, e se ocorresse de desaparecer no curso da arbitragem, permitiria ao árbitro escusar-se, dando-se por impedido, ou às partes recusá-lo pela mesma razão[26].

Outra qualidade do árbitro imposta pela Lei de Arbitragem refere-se à competência para dirimir a controvérsia, ou seja, conhecimento e capacidade que o credencie a proferir decisão técnica e especializada. A esse respeito, José Rogério Cruz e Tucci esclarece:

> no terreno da arbitragem, o alto nível dos advogados e o reconhecido preparo dos árbitros permitem que a realização dos atos do processo arbitral atinja realmente o fim colimado por todos os integrantes do respectivo processo[27].

Ainda, o árbitro deve ser diligente e empenhado, agindo com interesse pela causa, notadamente pelas provas que levem à verdade

25. CAHALI, Francisco José. **Curso de arbitragem**. 6. ed. São Paulo: RT, 2017, p. 221.
26. BAPTISTA, Luiz Olavo. **Arbitragem comercial e internacional**. São Paulo: Lex, 2011, p. 163.
27. TUCCI, José Rogério Cruz e. **Questões polêmicas do processo arbitral**. São Paulo: Quartier Latin, 2019, p. 13.

dos fatos. Carlos Alberto Carmona destaca que a preparação do árbitro para a audiência revela com clareza a diligência e o grau de comprometimento com a arbitragem:

> Se estiver pronto, há de potencializar as provas; se não estiver, o ato certamente não produzirá o melhor resultado. [...] Faço ainda uma observação, gerada pela observação da prática quotidiana da arbitragem: quando o órgão julgador for coletivo, não basta que o presidente (a quem toca a condução do procedimento, e em especial das audiências) esteja bem informado sobre os dados mais relevantes do processo. Todos os julgadores devem estar preparados para explorar a prova oferecida pelas partes [...][28].

E nessa mesma linha, Luiz Olavo Baptista[29] destaca que o dever de diligência impõe ao árbitro adotar todas as providências para que o processo arbitral transcorra com agilidade e eficiência, afastando comportamento das partes que visa gerar morosidade, com intuito meramente protelatório.

Finalmente, impõe-se ao árbitro conduta discreta, de maneira a se abster de comentar ou revelar atos e fatos relacionados ao processo arbitral, ainda que a arbitragem não seja sigilosa.

Considerando esse quadro de qualidades estabelecido pela Lei de Arbitragem, será examinada na próxima seção a confidencialidade na arbitragem.

2.4. CONFIDENCIALIDADE NA ARBITRAGEM

A questão da existência ou não do dever de confidencialidade, por parte do árbitro, no trato dos fatos a ele submetidos no processo arbitral, surge como indagação preliminar, cuja compreensão é fundamental para o avanço da abordagem do complexo tema examinado neste estudo.

Segundo o artigo 13, § 6º[30], da Lei de Arbitragem, o árbitro deverá, no desempenho de sua função, proceder com discrição. Primeiro, há de se ressaltar que a confidencialidade e a discrição são institutos

28. CARMONA, Carlos Alberto. **Arbitragem e processo**. 3. ed. São Paulo: Atlas, 2009, p. 245.
29. BAPTISTA, Luiz Olavo. **Arbitragem comercial e internacional**. São Paulo: Lex, 2011, p. 174.
30. BRASIL. Lei de Arbitragem (Lei n. 9.307/1996). Art. 13, § 6º. No desempenho de sua função, o árbitro deverá proceder com imparcialidade, independência, competência, diligência e discrição.

diversos. Oportuno o esclarecimento de Carlos Alberto Carmona[31] de que a discrição exige do árbitro um comportamento sóbrio, no sentido de não fazer nenhum comentário sobre as causas nas quais atuou ou esteja atuando, furtando-se a mencionar os atos praticados durante o processo arbitral. Enquanto a confidencialidade refere-se ao sigilo das informações contidas nas manifestações e documentos apresentados durante o procedimento, e à sentença arbitral.

A confidencialidade vincula tanto as pessoas que gerenciaram o procedimento, como os árbitros, procuradores e partes, conforme lição de Selma M. Ferreira Lemes[32].

Relevante destacar que a Lei de Arbitragem nacional somente prevê o dever de discrição do árbitro – já o dever de confidencialidade dos envolvidos no procedimento encontra-se, na maioria das vezes, estipulado nos regulamentos das câmaras arbitrais.

Nesse sentido, Gustavo Justino de Oliveira explica:

> No plano nacional, a disciplina da confidencialidade e do sigilo é confiada, em larga medida, aos regulamentos das câmaras de arbitragem, restando ao cargo da Lei de Arbitragem a previsão do dever de discrição do árbitro (artigo 13, § 4º)[33].

Conforme notado por Renato Stephan Grion, "não são todos os regulamentos de arbitragem que a preveem. E mesmo quando um dever geral de confidencialidade é reconhecido, ele está muitas vezes sujeito a exceções"[34]. A Câmara de Comércio Brasil-Canadá[35] e a Câmara de Arbitragem do Mercado[36] são exemplos de tribunais

31. CARMONA, Carlos Alberto. **Arbitragem e processo**. 3. ed. São Paulo: Atlas, 2009, p. 246.
32. LEMES, Selma M. Ferreira. **Arbitragem na concessão de serviços públicos**: Arbitrabilidade objetiva. Confidencialidade ou publicidade processual. Disponível em: http://selmalemes.adv.br/artigos/artigo_juri15.pdf. Acesso em: 10 abr. 2020.
33. OLIVEIRA, Gustavo J. de. Conciliando a arbitragem e a administração pública. **Jornal Valor Econômico**, 2016. Disponível em: http://www.justinodeoliveira.com.br/conciliando-arbitragem-e-administração-publica. Acesso em: 12 ago. 2020.
34. GRION, Renato Stephan. Procedimento II. *In*: LEVY, Daniel; PEREIRA, Guilherme Setoguti J. Pereira (coord.). **Curso de arbitragem**. São Paulo: RT, 2018, p. 208.
35. Art. 14.1 do Regulamento do CAM-CBC. O processo arbitral é sigiloso, ressalvadas as hipóteses previstas em lei ou por acordo expresso das partes ou diante da necessidade de proteção de direito de parte envolvida na arbitragem.
36. Art. 9.1 do Regulamento do CAM. O processo arbitral é sigiloso, devendo as partes, árbitros e membros da Câmara de Arbitragem abster-se de divulgar informações sobre seu conteúdo, exceto em cumprimento a normas dos órgãos reguladores, ou previsão legal.

arbitrais que possuem previsão expressa sobre a confidencialidade da arbitragem.

Caso a confidencialidade não esteja estipulada no regulamento da câmara arbitral, pode ser convencionada pelas partes quando da assinatura do termo de arbitragem. De qualquer forma, a confidencialidade do procedimento advém de obrigação contratual, enquanto o dever de discrição do árbitro advém de imposição legal.

Nesse sentido, Carlos Alberto Carmona ressalta:

> É preciso, de qualquer forma, lembrar que a arbitragem no Brasil não é obrigatoriamente sigilosa. Os regulamentos arbitrais é que tendem a determinar que o procedimento seja recoberto pelo segredo. [...] Uma coisa é a sobriedade do árbitro, de quem se espera comportamento discreto; outra, bem diversa, é o sigilo[37].

Por ser obrigação contratual, a confidencialidade não é absoluta, logo, cabe a flexibilização desta cláusula em casos que possam estar em conflito com regras e princípios hierarquicamente superiores.

A doutrina internacional assume a existência de limites e/ou exceções à confidencialidade no processo arbitral. Gary B. Born, por exemplo, defende:

> Any confidentiality provisions in the parties' arbitration agreement are, of course, binding only on the parties themselves, and not on third parties. Even as between the parties, there are circumstances where an agreement requiring confidentiality will be unenforceable on public policy grounds (e.g., securities reporting obligations)[38].

A doutrina nacional também reconhece a necessidade de relativização da confidencialidade do procedimento em casos específicos. José Antônio Fichtner, Sérgio Nelson Mannheimer e André Luís Monteiro argumentam:

---

37. CARMONA, Carlos Alberto. **Arbitragem e processo**. 3. ed. São Paulo: Atlas, 2009, p. 246.
38. BORN, Gary. **International arbitration**: law and practice. Kluwer Law International, 2012, p. 202. Tradução livre: "Quaisquer disposições de confidencialidade no contrato de arbitragem das partes são, obviamente, vinculativas apenas para as próprias partes e não para terceiros. Mesmo entre as partes, há circunstâncias em que um acordo que exige confidencialidade não é aplicável por razões de ordem pública (por exemplo, obrigações de relatório de valores mobiliários)".

> No nosso modo de ver, tanto a confidencialidade imposta por lei a árbitros e instituições arbitrais quanto a confidencialidade estabelecida contratualmente é regra relativa, que pode sim sofrer exceções. Não se trata, portanto, de regra absoluta. Tenha a confidencialidade origem legal ou convencional, impõe-se dizer que ela não é absoluta e cede espaço em razão de determinadas circunstâncias. [...] Outra exceção ao dever de confidencialidade, já mencionada anteriormente, é no caso de constatação pelos árbitros da ocorrência de algum delito penal durante a arbitragem, situação na qual os árbitros poderão quebrar o compromisso de confidencialidade legalmente imposto e levar ao conhecimento das autoridades competentes os fatos criminosos que tiveram ciência durante a arbitragem[39].

A Lei de Arbitragem, ao deixar de estabelecer o sigilo como regra legal, permitiu que a publicidade de atos e fatos seja uma possibilidade procedimental que deverá ser avaliada e decidida conforme a verificação de fatores concretos do caso. Ou seja, ainda que exista a previsão da confidencialidade estabelecida por acordo de vontade entre as partes ou por regra do tribunal arbitral à qual haja adesão, a publicidade pode vir a se impor por força de conceitos que possam derivar de deveres maiores que aqueles estabelecidos de forma privada.

Existe entre os doutrinadores nacionais e internacionais a preocupação em modular os efeitos do dever de confidencialidade na arbitragem, de forma a aprimorar a transparência do processo arbitral, enquanto método de resolução de conflitos. Pugna-se por uma maior transparência em prol do interesse público.

No Brasil, foi possível verificar o início desta modulação com a reforma da Lei de Arbitragem, a qual estipulou que a publicidade deverá ser respeitada nos procedimentos em que a Administração Pública figure como parte[40]. Esta exigência decorre da própria Constituição, ao estabelecer o princípio da publicidade enquanto máxima a ser observada pelo Poder Público, e do princípio da primazia do interesse público.

---

39. FICHTNER, José Antônio; MANNHEIMER, Sergio Nelson; MONTEIRO, André Luís. A confidencialidade na arbitragem: regra geral e exceções. **Revista de Direito Privado**, v. 49, p. 227-285, 2012.
40. BRASIL. Lei de Arbitragem (Lei n. 9.307/1996). Art. 1º, § 3º. A arbitragem que envolva a administração pública será sempre de direito e respeitará o princípio da publicidade.

3

ARBITRAGEM E CORRUPÇÃO

Traçado o conceito de corrupção, sua abordagem no meio jurídico, assim como a definição de processo arbitral e dos princípios arbitrais mais basilares, este capítulo passará a tratar das principais questões que podem surgir aos árbitros quando da análise de contratos possivelmente contaminados por corrupção em uma arbitragem.

Arbitrar alegações de corrupção demanda o enfrentamento de questões complexas pelos árbitros, como, por exemplo, adequação das evidências que devem ser exigidas para comprová-las, definição das leis aplicáveis aos atos de corrupção e das consequências jurídicas cabíveis aos contratos contaminados por corrupção, além da possibilidade ou não de a parte requerer restituição do que foi efetivamente desempenhado no contrato. Para aumentar o desafio, as disputas envolvendo corrupção podem ter grande visibilidade e serem altamente controversas, o que dificulta ainda mais o trabalho dos tribunais arbitrais.

O objetivo deste capítulo é expor de forma prática quais pontos devem ser considerados pelos árbitros ao analisar cada uma das questões levantadas acima. A legislação e a prática que regem disputas envolvendo alegações de corrupção estão em constante evolução. À medida que mais debates e reflexões focam no tema, maior a relevância do enfrentamento das questões tratadas nas seções seguintes.

3.1. FORMAÇÃO DOS CONTRATOS CONTAMINADOS POR CORRUPÇÃO

Em primeiro lugar, é importante definir as possíveis molduras dos contratos contaminados por corrupção que serão objeto deste trabalho, isto é, as diferentes formas de contratos obtidos por meio de corrupção que podem surgir em um processo arbitral.

Conforme já tratado na seção 1.1, a definição legal de corrupção pressupõe que o crime de corrupção passiva somente pode ser praticado por funcionário público, conforme previsto no artigo 327[41] do Código Penal, o que o caracteriza como crime funcional. Já a corrupção ativa pode ser cometida por qualquer pessoa, inclusive por funcionário público, tratando-se de crime comum, porém sempre praticado contra a Administração Pública.

É claro que existe a possibilidade de existência de fraude em relações privadas, como, por exemplo, corromper um agente de banco para obter um financiamento sem preencher os requisitos para tanto ou corromper o funcionário de uma empresa para ganhar uma concorrência privada. Uma pesquisa realizada pela PwC[42] aponta que a apropriação indevida de fundos – uma das espécies de "corrupção privada" – foi o tipo de fraude mais frequente nas empresas nos últimos anos, afetando 49% dos entrevistados. Apesar da relevância do tema, nestes casos não está presente o interesse público e, no Brasil, a corrupção entre particulares ou corrupção privada não é tipificada na legislação penal, motivo pelo qual não será objeto desta pesquisa.

As hipóteses mais comuns de contratos contaminados por corrupção são aquelas envolvendo a Lei n. 8.666 ("Lei de Licitações"). Nestes casos, se uma eventual disputa contratual fosse submetida à arbitragem, teríamos como partes no processo arbitral um ente público e um ente privado.

Também é possível que dois entes privados discutam em sede de arbitragem uma relação subsidiária a um contrato público. Este último pode ser fruto de corrupção. Como ilustração, imagine-se uma empreiteira que venceu uma licitação pública relacionada ao setor de construção civil por meio de ato de corrupção e subcontratou fornecedores para realizar a obra.

41. BRASIL. Código Penal (1940). Art. 327. Considera-se funcionário público, para os efeitos penais, quem, embora transitoriamente ou sem remuneração, exerce cargo, emprego ou função pública.

42. PWC. **Global economic crime and fraud survey 2018**: Pulling fraud out of the shadows. Disponível em: https://www.pwc.com/m1/en/publications/economic-crime-fraud-survey-2018.html. Acesso em: 24 nov. 2020.

Infinitas são as modalidades de contratos envolvendo corrupção que podem ser submetidas à arbitragem. O objetivo desta seção não é esgotar estas possibilidades, mas apenas oferecer o contexto para sua melhor avaliação.

3.2. ARBITRABILIDADE DE DISPUTAS QUE ENVOLVEM CORRUPÇÃO

Por algum tempo, não ficou totalmente claro se um tribunal arbitral era competente para decidir casos envolvendo corrupção. Os maiores questionamentos diziam respeito à arbitrabilidade dos casos de corrupção, além do alcance da própria cláusula arbitral inserida no contrato em discussão.

De acordo com Yas Banifatemi[43], o conceito de arbitrabilidade está ligado ao fato de a legislação nacional impedir ou não uma classe específica de disputas de serem submetidas à arbitragem, normalmente porque o sistema legal em questão arrogou o poder de resolver certas disputas e porque as partes não podem de forma autônoma dispor de certas relações jurídicas (como por exemplo, direito penal, direito de família etc.).

Atualmente, é uniforme o entendimento de que as disputas envolvendo corrupção podem ser dirimidas por meio de processo arbitral. Isso porque uma arbitragem cujo objeto sejam direitos e obrigações advindos de relação contratual não invade o campo do direito penal, ainda que o contrato tenha sido obtido via ato de corrupção. A discussão sobre a validade do contrato é cível, de maneira que o tribunal arbitral tem o dever de lidar com todas as alegações trazidas pelas partes e, ainda, de julgá-las. Dessa forma, caso uma das partes alegue corrupção, o tribunal arbitral deverá tratar do tema[44].

---

43. BANIFATEMI, Yas. Chapter 1: The impact of corruption on "gateway issues" of arbitrability, jurisdiction, admissibility and procedural issues. *In*: BAIZEAU, Domitille e; KREINDLER, Richard H. (eds). Addressing issues of corruption in commercial and investment arbitration. **Dossiers of the ICC Institute of World Business Law**. v. 13. Kluwer Law International; International Chamber of Commerce (ICC), 2015, p. 18.

44. BANIFATEMI, Yas. Chapter 1: The impact of corruption on "gateway issues" of arbitrability, jurisdiction, admissibility and procedural issues. *In*: BAIZEAU, Domitille e; KREINDLER, Richard H. (eds.). Addressing issues of corruption in commercial and investment arbitration. **Dossiers of the ICC Institute of World Business Law**. v. 13. Kluwer Law International; International Chamber of Commerce (ICC), 2015, p. 18.

Esse entendimento foi exposto no caso ICC n. 13.384, por meio do qual um intermediário pleiteou o recebimento de comissão pela conclusão de negócio e, em defesa, a parte contrária alegou que no contrato em questão houve prática de suborno, portanto, o contrato seria nulo. Ao proferir a sentença arbitral, o tribunal concluiu que a disputa estaria sujeita à convenção de arbitragem, uma vez que uma das partes invocou explicitamente em sua defesa a ocorrência de corrupção e o tribunal tem o dever de solucionar o caso.

Quanto ao alcance da cláusula compromissória, é forçoso destacar o princípio da sua autonomia. A legislação brasileira consagra o princípio da independência do compromisso arbitral em relação ao contrato por dispositivos previstos tanto na Lei de Arbitragem quanto no Código Civil.

O artigo 8º da Lei de Arbitragem assim estabelece:

> Art. 8º A cláusula compromissória é autônoma em relação ao contrato em que estiver inserta, de tal sorte que a nulidade deste não implica, necessariamente, a nulidade da cláusula compromissória.
>
> Parágrafo único. Caberá ao árbitro decidir de ofício, ou por provocação das partes, as questões acerca da existência, validade e eficácia da convenção de arbitragem e do contrato que contenha a cláusula compromissória[45].

Por sua vez, o Código Civil em seu artigo 184 prevê que a invalidade parcial do negócio jurídico não prejudica a parte válida, se esta for separável:

> Art. 184. Respeitada a intenção das partes, a invalidade parcial de um negócio jurídico não o prejudicará na parte válida, se esta for separável; a invalidade da obrigação principal implica a das obrigações acessórias, mas a destas não induz a da obrigação principal.

A maior parte da comunidade internacional adota o mesmo posicionamento. No Reino Unido, por força da Seção 7 do *UK Arbitration Act*, restou definido no famoso caso Fiona Trust *v.* Holding Corporation *v.* Privalov, a prevalência do princípio da presunção da

45. BRASIL. Lei n. 9.307, de 23 de setembro de 1996. **Lei de Arbitragem**. Diário Oficial da União, Brasília, 24 de setembro de 1996.

separação dos contratos, o que significa que a rescisão do contrato principal por corrupção não implica necessariamente a invalidade do compromisso arbitral. Em outros termos, o acordo arbitral deve ser tratado como ajuste autônomo que pode ser rescindido apenas com fundamento em vícios próprios. Desta forma, considerando que a alegação de corrupção se cinge ao contrato principal, não havendo provas no sentido de corrupção para ser fixada a cláusula arbitral, somente em relação àquele ajuste há de ser analisada a ilegalidade, permanecendo válido o compromisso arbitral[46].

Na mesma linha, o artigo 23 da *United Nations Comission on International Trade Law* (UNCITRAL)[47] prevê que a cláusula arbitral, que integra o contrato principal, deve ser considerada um acordo independente dos demais termos daquele instrumento. Assim, a decisão do tribunal arbitral de que o contrato é nulo não acarreta automaticamente a invalidade da cláusula arbitral.

---

46. HWANG, Michael; LIM, Kevin. Corruption in arbitration: law and reality.**1 Asian International Arbitration Journal**, v. 8, p.1-119, 2012. Artigo decorrente de palestra proferida no Herbert Smith-SMU Asian Arbitration Lecture, em 2011 (Singapura)."In Fiona Trust & Holding Corporation v Privalov (Fiona Trust⊠), the House of Lords explained the operation of the separability doctrine thus: The principle of separability [...] means that the invalidity or rescission of the main contract does not necessarily entail the invalidity or rescission of the arbitration agreement. The arbitration agreement must be treated as a distinct agreement and can be void or voidable only on grounds which relate directly to the arbitration agreement. Since the allegation that the contract in Fiona Trust was procured by corruption could only be said to relate to the main contract, but not the arbitration agreement in particular,248 the arbitration agreement was found to be valid, and court proceedings were stayed in favour of arbitration. Other jurisdictions and the majority of arbitral case law have applied the separability presumption in the same manner". Tradução livre: "No caso Fiona Trust & Holding Corporation *v.* Privalov ("Fiona Trust"), a House of Lords explicou o funcionamento do princípio da autonomia da seguinte forma: o princípio da autonomia [...] significa que a invalidade ou rescisão do contrato principal não acarreta necessariamente a invalidade ou rescisão da convenção de arbitragem. A convenção de arbitragem deve ser tratada como um acordo distinto e pode ser nula ou anulável apenas por motivos que se relacionam diretamente com a convenção de arbitragem. Considerando que a alegação de que o contrato em Fiona Trust foi obtido via ato de corrupção só é aplicável ao contrato principal, e não à convenção de arbitragem em particular, a convenção de arbitragem foi considerada válida e os processos judiciais foram suspensos em favor da arbitragem. Outras jurisdições e grande parte da jurisprudência arbitral aplicaram o princípio da autonomia da mesma maneira".

47. "Article 23 1. The arbitral tribunal shall have the power to rule on its own jurisdiction, including any objections with respect to the existence or validity of the arbitration agreement. For that purpose, an arbitration clause that forms part of a contract shall be treated as an agreement independent of the other terms of the contract. A decision by the arbitral tribunal that the contract is null shall not entail automatically the invalidity of the arbitration clause". Tradução livre: "Artigo 23 1. O tribunal arbitral terá o poder de decidir sobre sua própria jurisdição, incluindo quaisquer objeções quanto à existência ou validade da convenção de arbitragem. Portanto, uma cláusula compromissória que faz parte de um contrato deve ser tratada como um acordo independente dos demais termos do contrato. A decisão do tribunal arbitral de que o contrato é nulo não acarreta automaticamente a invalidade da cláusula compromissória".

Tem sido bem aceito pelos tribunais arbitrais internacionais o fato de que a alegação de corrupção pode ser objeto de análise no âmbito do processo arbitral, ou seja, o tribunal arbitral tem jurisdição para analisar disputas decorrentes de contrato envolvendo suposta corrupção. Nesse contexto, o tribunal pode receber provas ou determinar de ofício a realização de produção de provas para apurar efetivamente a corrupção, fixando as consequências nos termos da lei.

Nesse sentido, Philippe Fouchard destaca: "the novation of obligations contained in the main contract will not deprive the arbitration agreement of effect and a settlement relating to the main contract will not necessarily terminate the arbitration agreement"[48].

O princípio da autonomia da cláusula compromissória, dessa forma, preserva a eficácia da cláusula inserida em contratos contaminados por atos de corrupção. A House of Lords[49] de Londres, durante o julgamento do caso Fiona Trust *v.* Holding Corporation *v.* Privalov, explicou que a invalidade ou a rescisão do contrato principal não necessariamente implica a nulidade ou rescisão da convenção de arbitragem. Esta última deve ser tratada como um "acordo incondicional" e pode ser nula ou anulável apenas por motivos diretamente relacionados à própria convenção.

Conclui-se, portanto, que a cláusula arbitral é eficaz mesmo em contratos declarados nulos e que o tribunal arbitral possui jurisdição para resolver disputas envolvendo corrupção. Segue-se que o tribunal tem o direito e a obrigação de julgar os litígios das partes envolvendo corrupção, inclusive de analisar provas e de investigar a corrupção de ofício, e, então, decidir sobre a sua existência e as respectivas consequências previstas na lei aplicável.

Esta construção se baseia em dois pilares, ambos reconhecidos mundialmente: o princípio da competência-competência e o princípio da autonomia da cláusula compromissória, tratados em detalhes na seção 2.2. Entende-se, em síntese, que a cláusula compromissória é

48. WALD, Arnold (coord.). **Revista de Direito Bancário, do Mercado de Capitais e da Arbitragem**, ano 3. São Paulo: RT, 2000, p. 331-345. Tradução livre: "a novação das obrigações contidas no contrato principal não privará o compromisso arbitral em vigor e eventual acordo relacionado ao contrato principal não necessariamente rescindirá o compromisso arbitral".

49. HWANG, Michael; LIM, Kevin. Corruption in arbitration: law and reality. **1 Asian International Arbitration Journal**, v. 8, p. 1-119, 2012. Artigo decorrente de palestra proferida no Herbert Smith-SMU Asian Arbitration Lecture, em 2011 (Singapura).

resguardada de qualquer nulidade do contrato principal e permanece válida, conferindo aos árbitros, assim, a competência para determinar a sua própria competência, independentemente da origem ou objeto ilegais do contrato.

Seguindo o mesmo raciocínio, Alan Redfern e Martin Hunter observam:

> The modern approach, based on the concept of separability that has now received widespread acceptance both nationally and internationally, is that an allegation of illegality does not in itself deprive the arbitral tribunal of jurisdiction. On the contrary, it is generally held that the arbitral tribunal is entitled to hear the arguments and receive evidence and to determine for itself the question of illegality[50].

O entendimento de que questões envolvendo corrupção podem ser submetidas à arbitragem é majoritário, no entanto, existem alguns casos isolados que indicam o contrário. Como exemplo, a Corte Suprema do Paquistão decidiu, no caso Hubco *v.* Wapad, que uma evidência *prima facie* de corrupção tornaria a questão inarbitrável, baseando-se principalmente em argumentos de defesa da ordem pública.

Esta decisão, além de expressar um entendimento minoritário sobre o assunto, foi alvo de críticas de doutrinadores do mundo todo. Sayed Abdulhay fez o seguinte comentário sobre a decisão paquistanesa:

> The political circumstances that surrounded the Hubco vs. WAPDA case prevent the drawing of useful conclusions. In particular, one is unable to conclude as to whether there exists a rule on the non-arbitrability of corruption matters in Pakistani Law. The Supreme Court decision lacks substantiation and motivation[51].

---

50. BLACKABY, Nigel; PARTASIDES, Constantine; REDFERN, Alan; HUNTER, Martin. **Redfern and hunter on international arbitration**. 5. ed. Oxford, United Kingdom: Oxford University Press, 2009, § 2.138. Tradução livre: A abordagem moderna, baseada no conceito de separabilidade que agora tem ampla aceitação tanto nacional quanto internacionalmente, é que uma alegação de ilegalidade não priva, por si só, o tribunal arbitral de jurisdição. Pelo contrário, é geralmente considerado que o tribunal arbitral tem o direito de ouvir os argumentos e receber provas e determinar por si mesmo a questão da ilegalidade.
51. SAYED, Abdulhay. **Corruption in international trade and commercial arbitration**. The Hague/London/New York. Kluwer Law International, 2004, p. 73. Hub Power Co Ltd (HUBCO) *v.* Pakistan WAPDA and Federation of Pakistan (2000). Tradução livre: "As circunstâncias políticas que cercaram o caso Hubco *vs.* WAPDA impedem a formação de conclusões úteis. Em particular, é impossível concluir se existe uma regra sobre a não arbitrabilidade de questões envolvendo corrupção na lei do Paquistão. A decisão da Suprema Corte carece de fundamentação e motivação".

Em que pese a existência de uma corrente minoritária que defenda a inarbitrabilidade de contratos envolvendo suspeita de corrupção, parece seguro afirmar que o entendimento majoritário em relação ao tema é o de que o princípio da autonomia da cláusula compromissória, aliado ao princípio da competência-competência, permite aos tribunais arbitrais julgarem controvérsias envolvendo alegação de corrupção.

Este entendimento permite ao árbitro cumprir o seu dever de proferir uma sentença arbitral exequível, para tanto, não pode deixar de julgar alegações de prática de atos de corrupção, nem ceder à pressão de qualquer das partes. A legalidade da sentença reside, pois, no cumprimento de seu encargo como julgador, dentro de sua jurisdição.

3.3. ÔNUS DE PROVAR ALEGAÇÕES DE CORRUPÇÃO

O ônus da prova na arbitragem, em regra, recai sobre a parte que faz a alegação, de forma que cada um deve provar a procedência dos seus pedidos e a veracidade dos argumentos utilizados em sua defesa[52]. Alan Redfern e Martin Hunter entendem que este ônus pode ser cumprido pelo depoimento de uma testemunha, pela produção de documentos ou até por uma combinação de provas[53].

Questão polêmica envolvendo esse tema é a possibilidade de que o ônus da prova seja alterado em casos envolvendo a corrupção, tendo em vista a dificuldade de provar esse tipo de alegação, pois, normalmente, quem pratica atos ilegais terá cautela o suficiente para evitar ou ao menos ocultar provas documentais do crime. São raros os casos em que existem provas documentais contundentes de corrupção.

Há uma forte corrente doutrinária no sentido de que, em arbitragens envolvendo corrupção, o tribunal arbitral deve criar meios alternativos que possibilitem a produção de provas – uma das medidas para isso seria a inversão do ônus da prova. Nesse caso, a parte deveria comprovar que a acusação da parte contrária de existência de corrupção no contrato em apreço é falaciosa. Outra medida possível seria diminuir o rigor de prova exigido, por exemplo, aceitando menos provas documentais e dando mais valoração às provas testemunhais.

52. BÖCKSTIEGEL, Karl-Heinz. Presenting evidence in international arbitration. **ICSID Review**, v. 16, n. 1, p. 1– 9, 2001, p. 2.

53. BLACKABY, Nigel; PARTASIDES, Constantine; REDFERN, Alan; HUNTER, Martin. **Redfern and hunter on international arbitration**. 5. ed. Oxford, United Kingdom: Oxford University Press, 2009, p. 378.

No que diz respeito à inversão do ônus da prova, Karen Mills afirma:

> Because of the near impossibility to "prove" corruption, where there is a reasonable indication of corruption, an appropriate way to make a determination may be to shift the burden of proof to the allegedly corrupt party to establish that the legal and good faith requirements were in fact duly met [54].

Apesar de ser aceita por parte significativa da doutrina, a inversão do ônus da prova pode se tornar problemática caso estimule as partes em disputa a fazerem alegações de corrupção infundadas como uma estratégia para atrasar e manipular os procedimentos arbitrais.

A inversão do ônus da prova não é necessária em todos os casos envolvendo corrupção. A fim de evitar o uso indevido deste mecanismo, alguns doutrinadores[55] criaram outras formas alternativas de produção de provas, como é o caso da denominada "balança de probabilidades", metodologia explicada por Richard Kreindler:

> Finally there is the trend of continuing to apply the "balance of probabilities" standard: for example, ICC Case No. 8891 (1998). This includes a willing to draw adverse inferences, including in the context of the IBA Rules as addressed above. Common requirements for the drawing of adverse inferences include that the party asking for the inference must produce evidence corroborating the inference, that the evidence must be accessible, and that the inference must be reasonable, consistent with facts and related to the evidence[56].

---

54. MILLS, Karen. Corruption and other illegality in the formation and performance of contracts and in the conduct of arbitration relating thereto. *In*: Albert Jan van den Berg (ed.). **International Commercial Arbitration**: important contemporary questions, ICCA Congress Series, v.11, 2002, p. 9-10. Tradução livre: "Devido à quase impossibilidade de provar a corrupção, onde há uma indicação razoável de corrupção, uma forma apropriada de fazer a apuração pode ser transferir o ônus da prova para a parte supostamente corrupta para estabelecer que os requisitos legais e de boa-fé foram devidamente cumpridos".

55. HWANG, Michael; LIM, Kevin. Corruption in arbitration: law and reality. **1 Asian International Arbitration Journal,** v. 8, p. 1-119, 2012. Artigo decorrente de palestra proferida no Herbert Smith-SMU Asian Arbitration Lecture, em 2011 (Singapura).

56. KREINDLER, Richard. **Competence-competence in the face of Illegality in contracts and arbitration agreements**. Hague Academy of International Law, 2013, p. 275. Tradução livre: "Finalmente, há a tendência de aplicar o padrão da 'balança de probabilidades', como, por exemplo, no Caso n. 8891 (1998) da ICC. Isso inclui o desejo de extrair inferências adversas, inclusive no contexto das Regras do IBA, conforme abordado acima. Os requisitos comuns para o desenho de inferências adversas incluem que a parte que solicita a inferência deve produzir evidências que corroborem a inferência,

Além da balança de probabilidades, Emmanuel Gaillard levanta mais uma alternativa no que se refere ao sistema de produção de provas para comprovar alegações de corrupção, que é o sistema de *red flags*, o qual apura certos sinais de alerta que auxiliam no mapeamento de indícios de corrupção:

> The rich case law deciding disputes under intermediary agreements provides a perfect illustration of the already widespread use of the red flags methodology by arbitrators to determine the existence of corruption [...] arbitral tribunals have equally applied the red flag methodology in disputes concerning contracts procured through corruption[57].

Os sistemas alternativos elencados acima foram criados pela doutrina, visto que grande parte das leis nacionais de arbitragem e as convenções internacionais não tratam do ônus da prova. As regras da UNCITRAL são um dos poucos exemplos de legislação que dispõe sobre o tema, em seu artigo 27 (1): "each party shall have the burden of prooving the facts relied on to support his claim or defense"[58]. No entanto, nada prevê para situações excepcionais, como casos de corrupção.

O rigor da prova na arbitragem pode variar de acordo com a matéria em discussão, como também com a legislação aplicável ao caso. A exigência de provas em um procedimento envolvendo apenas questões civis é diferente de um procedimento que contenha alegação de práticas criminosas. Apesar de ambos serem procedimentos civis, quanto mais séria for a alegação, maior será o rigor da prova.

Importante ressaltar que mesmo diante dessa exigência maior, não se pode comparar a produção de provas esperada em um procedimento civil com um procedimento criminal, o qual segue ritos muito mais rígidos. No procedimento Bater *v.* Bater, Denning L J apontou:

---

que a evidência deve estar acessível e que a inferência deve ser razoável, consistente com os fatos e relacionada à evidência".

57. GAILLARD, Emmanuel. **The emergence of transnational responses to corruption in international arbitration**. Oxford University Press, Arbitration International, 2019, p. 04. Tradução livre: "A rica jurisprudência que decide disputas sobre acordos intermediários fornece uma ilustração perfeita do uso já difundido da metodologia das *red flags* pelos árbitros para determinar a existência de corrupção [...] Os tribunais arbitrais aplicaram igualmente a metodologia de *red flags* em disputas relativas a contratos adquiridos por meio de corrupção".

58. Lei Modelo da Uncitral.

> In civil cases the case must be proved by a preponderance of probability, but there may be degrees of probability within the standard. The degree depends on the subject-matter. A civil court, when considering a charge of fraud, will naturally require for itself a higher degree of probability than that which it would when asking if negligence is established. It does not adopt so high a degree as a criminal court, even when it is considering a charge of a criminal nature; but it still does require a degree of probability which is commensurate with the occasion[59].

No caso ICC n. 4.145, o tribunal arbitral entendeu que a corrupção pode ser comprovada por evidências circunstanciais, porém, acrescentou que essas evidências devem levar a uma probabilidade muito alta de ocorrência da alegação[60].

No mesmo sentido, no caso ICC n. 13.515, o tribunal arbitral decidiu que, na ausência de evidências diretas, deduziria a existência de pagamentos ilícitos, com base em "indicadores sérios e convergentes". O tribunal entendeu que o fato de a corrupção ser endêmica no norte da África não era prova suficiente de suborno, porém, outros indicadores, a saber, a comissão do intermediário de 40% e a curta duração do contrato, foram suficientes para provar o objeto ilícito do contrato.

Percebe-se assim que a doutrina está alinhada com a jurisprudência no que se refere à adequação do rigor da prova em casos envolvendo corrupção. Isso porque um tribunal arbitral não possui os mesmos poderes que os órgãos judiciais no sentido de compelir a produção de provas mais complexas. De qualquer forma, o convencimento do árbitro deve estar sempre baseado em fatores objetivos e na preponderância de provas e, para isto, o tribunal pode determinar a produção de todas aquelas que entender necessárias.

---

59. Data da decisão: 1951, p. 35-37. Tradução livre: "Em procedimentos cíveis, o caso deve ser provado por uma preponderância de probabilidade, mas pode haver graus de probabilidade dentro do padrão. O grau depende do assunto. Um tribunal civil, ao considerar uma acusação de fraude, naturalmente exigirá para si um maior grau de probabilidade do que aquele exigido ao perguntar se a negligência é estabelecida. Não adota um grau tão alto quanto um tribunal criminal, mesmo quando considera uma acusação de natureza criminal; mas ainda exige um grau de probabilidade proporcional à ocasião".
60. Agent (Liechtenstein/Arab) *v.* Construction Company (South Korea), ICC Case n. 4145, Collection of ICC Arbitral Awards 1974-1985, p. 559.

No caso Metal-Tech Ltd. *v.* República do Uzbequistão[61], o tribunal arbitral tomou conhecimento durante o depoimento oral de testemunhas de suposto ato de corrupção praticado pelo reclamante. Diante disso, exigiu explicações, invocando sua autoridade nos termos do artigo 43 da Convenção ICSID[62]. Com base nas manifestações apresentadas ao pedido de informações, o tribunal ordenou que as partes, ao final da audiência, produzissem mais provas e apresentassem duas rodadas de memoriais pós-audiência. Cumprida a ordem, o tribunal prolongou ainda mais a fase instrutória e determinou a realização de uma audiência adicional exclusivamente para apurar as evidências de corrupção.

A noção de que um tribunal arbitral deve, se necessário, por sua própria iniciativa, determinar a produção de provas relacionadas à suspeita de ilegalidade é apoiada pela doutrina internacional. Bernardo M. Cremades e David J. A. Cairns[63] ensinam que o posicionamento atual da doutrina é o de que o árbitro internacional tem o dever de abordar questões de corrupção, lavagem de dinheiro ou fraude sempre que surgirem na arbitragem, independentemente do desejo das partes, e registrar suas conclusões jurídicas e factuais em sentença. Este seria o único caminho possível para proteger a exequibilidade da sentença e a integridade da instituição da arbitragem comercial internacional.

Neste cenário de produção de provas a mando do tribunal arbitral, é possível considerar o cabimento de prova emprestada de processo criminal em curso que trate do mesmo contrato em disputa na arbitragem. Qualquer prova advinda de outro processo deverá ter sua força probatória valorada pelo tribunal arbitral, que não está adstrito a dar-lhe idêntico valor ao que teve nos autos em que foi produzida. Além disso, em sua análise o tribunal terá de considerar a especificidade do processo criminal e selecionar quais provas são aplicáveis ao processo arbitral.

61. Metal-Tech Ltd. *v.* Republic of Uzbekistan, ICSID Case n. ARB/10/3 (Oct. 4, 2013).

62. "Article 43: except as the parties otherwise agree, the Tribunal may, if it deems it necessary at any stage of the proceedings, (a) call upon the parties to produce documents or other evidence [...]". Tradução livre: "Artigo 43: salvo acordo em contrário das partes, o Tribunal poderá, se o considerar necessário em qualquer fase do processo, (a) solicitar às partes que produzam documentos ou outras provas [...]".

63. CREMADES, Bernardo M.; CAIRNS, David J. A. Transnational public policy in international arbitral decision making: the cases of bribery, money laundering and fraud. *In*: BERKELEY, Andrew; KARSTEN, Kristine (eds.). Arbitration: money, laundering, corruption and fraud. **Dossiers of the ICC Institute of World Business Law**, v. 1, Kluwer Law International, 2003, p. 85-86.

Existem inúmeras formas de viabilizar a produção de provas e cabe ao tribunal definir o método que melhor atende o caso. A doutrina é uma ferramenta bastante útil no que diz respeito à busca constante por métodos alternativos efetivos.

Em contraposição à esta corrente doutrinária que defende a legalidade dos métodos alternativos de produção de provas, há quem entenda que o tribunal arbitral não possui o poder de dispor, distribuir ou mitigar o ônus da prova, devendo respeitar a máxima de que o ônus da prova na arbitragem recai sobre a parte que faz a alegação[64]. Isso porque a transferência do ônus da prova seria contrária ao devido processo legal[65].

Apesar da grande discussão envolvendo o tema, é possível notar uma tendência da doutrina internacional e da jurisprudência no sentido de defender a adoção, em casos de suspeita de corrupção, da balança de probabilidades e da mitigação do rigor da prova, certamente em situações específicas, que justifiquem a adoção dessas medidas.

Esta medida se mostra adequada, pois, considerando a dificuldade de provar alegações de corrupção, os árbitros devem encontrar uma forma de equilíbrio entre o padrão de provas exigido e a viabilidade de produção dessas evidências para que o rigor da norma não se torne um obstáculo ao próprio direito.

3.4. LEI APLICÁVEL AOS ATOS DE CORRUPÇÃO

Depois de se estabelecer a arbitrabilidade de disputas envolvendo alegação de corrupção e o ônus da prova dessas alegações, deve-se discutir qual legislação deve ser aplicada aos atos de corrupção verificados em uma arbitragem.

Primeiramente, para determinar se uma parte praticou um ato de corrupção e quais serão as consequências jurídicas decorrentes deste ato, o tribunal arbitral deve analisar se os fatos estabelecidos no procedimento são tidos como corruptos pela lei aplicável ao caso.

---

64. BETZ, Kathrin. **Proving bribery, fraud and money laundering in international arbitration**: on applicable criminal law and evidence. Cambridge: Cambridge University Press, 2017, p. 266.

65. MOURRE, Alexis. Arbitration and criminal law: jurisdiction, arbitrability and duties of the arbitral tribunal. *In*: MISTELIS, Loukas A.; BREKOULAKIS, Stavros. (eds.). **Arbitrability**: international and comparative perspectives. Kluwer Law International, 2009, p. 95-118.

Há uma grande discussão acerca de qual seria a legislação aplicável, no entanto, as principais correntes doutrinárias apontam as seguintes: (i) lei de regência do contrato; (ii) lei do local de cumprimento do contrato (*lex contractus*); e (iii) lei da sede do tribunal arbitral (*lex arbitri*)[66].

Há uma relação complexa entre a escolha das partes pela arbitragem como mecanismo de resolução de conflitos, a primazia da autonomia das partes no processo arbitral e os métodos para determinar a lei a ser aplicada pelos árbitros. Dado que a arbitragem possui um caráter independente e transnacional que varia de caso para caso, as leis aplicáveis e os métodos para eleger a lei aplicável também variam de acordo com cada procedimento. A existência da arbitragem é resultado do exercício da autonomia das partes, de forma que a escolha da lei aplicável deve refletir a mesma autonomia.

Nesse sentido, a Lei de Arbitragem, em seu artigo 2º, §§ 1º e 2º deixou expressa a autonomia das partes para escolha da legislação, porém, fez uma ressalva quanto à impossibilidade dessa escolha violar os bons costumes e a ordem pública:

> Art. 2º A arbitragem poderá ser de direito ou de equidade, a critério das partes.
>
> § 1º Poderão as partes escolher, livremente, as regras de direito que serão aplicadas na arbitragem, desde que não haja violação aos bons costumes e à ordem pública.
>
> § 2º Poderão, também, as partes convencionar que a arbitragem se realize com base nos princípios gerais de direito, nos usos e costumes e nas regras internacionais de comércio[67].

Assim, considerando que a arbitragem é baseada na autonomia das partes, o tribunal arbitral, ao determinar a lei aplicável à atividade corrupta, considerará, em princípio, a escolha de legislação feita pelas partes quando da assinatura do termo arbitral. Porém, além disso, também podem ser consideradas a lei da sede do tribunal arbitral, a

66. FOUCHARD, Philippe; GAILLARD, Emmanuel; GOLDMAN, Berthold. **International commercial arbitration**. The Hague: Kluwer Law International, 1999, p. 865.

67. BRASIL. Lei n. 9.307, de 23 de setembro de 1996. **Lei de Arbitragem**. Diário Oficial da União, Brasília, 24 de setembro de 1996.

lei do local de execução do contrato, os princípios da política pública internacional e as normas cogentes de direito.

A ordem pública é o princípio que rejeita a aplicação de lei atentatória à sensibilidade jurídica, à ordem moral e aos interesses econômicos de um país. Arnoldo Wald assim a define: "a ordem pública é o conjunto de normas essenciais à convivência nacional"[68].

Naturalmente, as partes escolherão uma lei que sustente a validade de seu contrato, de forma que, muito provavelmente, no caso de algum vício de formação, não o submeterão a uma lei que contenha regulamentos anticorrupção ou dispositivos de política pública que tornem o contrato inaplicável. No entanto, sob as normas cogentes e políticas públicas do local de execução do contrato ou da sede do tribunal, os atos relacionados ao contrato podem ser considerados corruptos.

Existem situações que permitem aos árbitros aplicar uma lei diferente da escolhida pelas partes. As normas cogentes de direito, por exemplo, limitam a escolha das partes e devem ser aplicadas a certas situações, independentemente da vontade das partes. Além disso, a política pública internacional constitui uma base limitada em que os árbitros podem excluir a aplicação da lei escolhida pelas partes, caso estas violem algum preceito fundamental refletido em dispositivos de política pública. Todo sistema jurídico possui certas normas morais e éticas imutáveis que não podem ser ignoradas ou evitadas por uma escolha diferente da lei.

Conforme sublinha Carlos Alberto Carmona:

> **o legislador prestigiou, no que se refere à arbitragem, o princípio da autonomia da vontade** que – na visão dos internacionalistas – caracterizaria a possibilidade de exercerem as partes, livremente, a escolha da legislação à qual queiram submeter-se, **limitada tal escolha, de um lado, pela noção de ordem pública e, de outro, pelas leis imperativas**[69] (grifos nossos).

As políticas públicas de grande parte dos países se assemelham em uma questão, a política pública transnacional. Na resolução de

---

68. WALD, Arnoldo. Jurisprudência comentada: STJ, Corte Especial, SEC n. 802, Min. José Delgado. **Revista de Arbitragem e Mediação**. São Paulo: RT, ano 2, n. 7, out.-dez., 2005, p. 201.
69. CARMONA, Carlos Alberto. **Arbitragem e processo**. 3. ed. São Paulo: Atlas, 2009, p. 64.

disputas internacionais e, especificamente, na arbitragem, as políticas públicas transnacionais podem servir como uma ferramenta poderosa. Se houver consenso global sobre um assunto, os árbitros podem aplicar políticas públicas transnacionais.

A política pública transnacional representa a unidade das políticas públicas da maioria dos países. Nos termos da Convenção de Nova York, um tribunal nacional tem o direito de recusar a homologação e execução de sentença arbitral que viole sua política pública. Da mesma forma, a Lei Modelo da UNCITRAL, que foi adotada como lei em vários países e estados dos EUA, permite que um tribunal nacional rejeite sentenças que violem a política pública do país. "Os legisladores destacaram que todo o tribunal deve para a comunidade internacional a aplicação de políticas públicas internacionais 'e que' nada pode absolver um tribunal do seu mandato de aplicar políticas públicas"[70].

Os tribunais arbitrais devem se esforçar para proferir uma sentença exequível. Se a decisão do tribunal não observa a política pública transnacional e, consequentemente, é inexequível, o processo arbitral perde o sentido e enfraquece a arbitragem como forma de solução de conflito para partes estrangeiras.

É, portanto, imperativo que os tribunais examinem a política pública transnacional para chegarem às suas decisões.

O caso ICC n. 5622[71], Hilmarton *v.* OTV, é um exemplo de processo arbitral envolvendo ato de corrupção em que várias leis poderiam ser consideradas aplicáveis. Trata-se de discussão referente à contrato intermediário firmado entre uma sociedade francesa e um intermediário inglês, no qual o intermediário inglês deveria alcançar a celebração de um contrato de construção com o governo argelino. O contrato intermediário era regido pelo direito suíço e previa a Suíça como sede da arbitragem. A sociedade francesa negou o pagamento da taxa do intermediário alegando que, de acordo com a legislação argelina, os acordos intermediários são absolutamente ilegais.

Diante do cenário exposto, o árbitro deveria decidir se as leis argelinas referentes à proibição de acordos intermediários se aplicavam

70. VADI, Valentina. When cultures collide: foreign direct investment, natural resources and indigenous heritage in international investment law. **Columbia Human Rights Law Review**, 2011, p. 797-889.

71. ICC. Award n. 5622. **Anuário Commercial Arbitration** 105 *et seq.*, 1994.

também às alegações de corrupção e anulavam, consequentemente, a escolha da legislação feita pelas partes. O árbitro decidiu que a violação de uma disposição legal obrigatória estrangeira afeta o direito suíço se essa violação for qualificada como quebra da moralidade suíça, de acordo com o artigo 20, § 1º, do Código Suíço de Obrigações[72]. Nesse sentido, defendeu que a violação da lei argelina violou a moralidade suíça e, portanto, rejeitou a reivindicação do intermediário.

Este julgado é um exemplo clássico da aplicação de normas cogentes em processo arbitral envolvendo corrupção, no qual o árbitro se sentiu no dever de aplicar legislação diversa da que regula o contrato. Conclui-se, portanto, que a primazia da autonomia das partes deve ser respeitada, desde que essa não viole normas cogentes de direito e noção de ordem pública. Nessa última hipótese, poderá o árbitro aplicar legislação que não a escolhida pelas partes, como a lei do local de cumprimento do contrato ou a lei da sede do tribunal arbitral.

3.5. INDEPENDÊNCIA DO TRIBUNAL ARBITRAL EM RELAÇÃO À PROCEDIMENTOS CRIMINAIS

Ao definir a lei aplicável aos atos de corrupção, é possível que surja hesitação quanto à necessidade ou não de os processos arbitrais serem suspensos enquanto se aguarda a conclusão de processo criminal paralelo envolvendo o mesmo contrato em disputa pelas partes e em curso no foro da sede da arbitragem.

A resposta inicial para esta pergunta é não. Essa é a posição tradicionalmente adotada pela maioria dos tribunais internacionais[73]. É também a posição que a *International Law Association* recomendou em seu relatório sobre litispendência e arbitragem[74].

Isto porque não haveria razão para obrigar o tribunal arbitral a submeter-se ao juízo criminal e necessariamente suspender a arbitragem até a conclusão de julgamento de eventual processo criminal. O papel dos árbitros se assemelha ao de um juiz cível, ou seja, deve

72. SAYED, Abdulhay. **Corruption in international trade and commercial arbitration**. The Hague/London/New York, Kluwer Law International, 2004.

73. Vide decisão do Tribunal de Recurso de Paris datada de 2002, caso República do Congo x Commisimpex.

74. INTERNATIONAL LAW ASSOCIATION. **Final Report on Lis Pendens and Arbitration**. Relatório apresentado na Convenção de Toronto de 2006, pp. 1-39.

lidar com a validade de uma determinada transação comercial, mas não deve decidir sobre possível condenação criminal dos contratantes.

De acordo com Alexis Mourre[75], a suspensão do processo arbitral deve ser um poder do tribunal arbitral, não uma obrigação. Os árbitros devem analisar cuidadosamente eventuais questões envolvendo a prática de crime e decidirem se cabe ou não a suspensão do processo arbitral.

A suspensão mandatória da arbitragem abriria portas para todos os tipos de táticas de guerrilha, como apresentar uma queixa criminal contra a parte que iniciou uma arbitragem na tentativa de obter a suspensão do processo arbitral, que é relativamente rápido, ao contrário dos processos penais, que podem durar muitos anos.[76]

Na contramão deste entendimento, o Supremo Tribunal da Espanha anulou uma sentença arbitral em 2019 sob a justificativa de que o tribunal arbitral não teria suspendido o processo enquanto aguardava-se a conclusão de uma investigação criminal. A decisão foi "um grande retrocesso", na visão de Alexis Mourre, ex-presidente da Corte Internacional de Arbitragem da ICC.[77]

No Brasil, o princípio da independência entre as instâncias determina que não há necessidade de suspensão de processo civil para aguardar o julgamento de processo penal[78]. Salvo, se o juízo cível entender que a suspensão é conveniente. No entanto, existem duas exceções ao princípio da independência entre as instâncias, são elas: absolvição penal que negue a existência do fato ou que negue sua autoria. Assim, se o juízo penal absolver o réu por entender que os fatos da acusação não ocorreram ou, se ocorreram, que o réu não foi o seu autor, a conclusão das demais esferas deverá ser, necessariamente, a absolvição dos acusados.

---

75. Pronunciamento feito por Alexis Mourre em um workshop sobre as consequências da corrupção e lavagem de dinheiro na arbitragem internacional, Basileia-Suíça, janeiro de 2020: https://files.web.host.ch/b8/79/b879cd88-7475-4be6-828c-0840879b01cf.pdf.

76. BONIFASSI, Stéphane; FEDOROVA, Elena. **Why arbitrators need to confront corruption allegations**, Global Arbitration Review, 2020. p. 4.

77. Pronunciamento feito por Alexis Mourre em um workshop sobre as consequências da corrupção e lavagem de dinheiro na arbitragem internacional, Basileia-Suíça, janeiro de 2020: https://files.web.host.ch/b8/79/b879cd88-7475-4be6-828c-0840879b01cf.pdf.

78. Art. 935. A responsabilidade civil é independente da criminal, não se podendo questionar mais sobre a existência do fato, ou sobre quem seja o seu autor, quando estas questões se acharem decididas no juízo criminal.

Se houver divergência de sentenças nas esferas cível e penal, isto é, se no processo penal o réu for absolvido por negativa de autoria ou inexistência de fato e no concomitante processo civil for ao final condenado, será viável a propositura de ação rescisória. Isso porque a superveniência de sentença penal decidindo a materialidade ou a autoria do crime autoriza o desfazimento de sentença cível contrária por meio de ação rescisória, bem como a desconstituição de ato administrativo sancionador por meio de ação anulatória no prazo decadencial de 5 anos contados a partir do trânsito em julgado da sentença criminal.[79]

Na esfera da arbitragem, ainda existem questões que devem ser melhor esclarecidas pela legislação nacional, como, por exemplo, a possibilidade jurídica de se ajuizar ação anulatória contra sentença arbitral que reconheceu indevidamente a existência ou autoria de ato de corrupção. A Lei de Arbitragem em seu artigo 32 possui rol taxativo das hipóteses de anulação de sentença arbitral, que não abrange a situação em análise.

Urge, assim, o Poder Legislativo, baseado na doutrina, se voltar para o tema e decidir se caberia ação anulatória contra sentença arbitral que reconheceu indevidamente a existência ou autoria de um crime. Com esta questão definida, os tribunais arbitrais teriam maior segurança jurídica para determinar o prosseguimento de processo arbitral que envolva alegação de corrupção, pois caso reste decidido o contrário na esfera penal a sentença arbitral poderia ser revista por meio de ação anulatória.

3.6. CONSEQUÊNCIAS LEGAIS DA VERIFICAÇÃO DE CORRUPÇÃO NO CONTRATO EM APRECIAÇÃO NO PROCESSO ARBITRAL

Analisada a questão da independência entre o contrato principal e o compromisso arbitral nas hipóteses de reconhecimento pelo tribunal da existência de corrupção, resta analisar os efeitos dessa decisão em relação à admissibilidade e ao mérito dos pedidos das partes envolvidas no ato de corrupção.

79. STJ. REsp 879.734/RS, 6ª Turma, Rel. Ministra Maria Thereza de Assis Moura, DJe 18/10/2010.

As consequências legais da verificação de corrupção em contratos submetidos à arbitragem tornam-se mais claras com a análise de casos concretos.

Por exemplo, o Poder Público firmou contrato com pessoa jurídica de direito privado para execução de serviços e obras, após procedimento licitatório. No referido ajuste foi convencionado entre as partes que as controvérsias dele decorrentes seriam levadas à solução arbitral - compromisso arbitral. Descumpridas em parte ou no todo as obrigações contratuais, a questão foi submetida ao tribunal arbitral, que após as provas produzidas constatou que houve corrupção de servidores públicos durante o certame, em flagrante prejuízo ao erário, sujeitando o contrato à nulidade ou anulação.

Nesse contexto, surge a seguinte indagação de alta relevância: quais os efeitos práticos ao contrato em disputa resultantes da verificação de corrupção?

De acordo com Olaf Meyer e Michael Joachim Bonell[80], a comunidade internacional não apresenta apenas um caminho de solução dogmática no que se refere à validade do negócio jurídico contaminado por corrupção, mas existem três alternativas: (i) decisão sobre validade ou não fica a cargo do prejudicado; (ii) contrato principal sempre será nulo; ou (iii) contrato válido ou inválido terá efeito *ex nunc* e soluciona-se pela indenização ou redução do preço.

No sistema da *common law*, a parte inocente, ou seja, aquela que foi vítima da corrupção, pode optar por manter o contrato em vigor, exigindo o cumprimento fiel dos seus termos, por se tratar de negócio jurídico eivado de vício sujeito à convalidação (*procured by corruption*). Nessa hipótese, a parte inocente perde o direito de pleitear no futuro a sua rescisão sob o argumento de corrupção. Em outros termos, convalidado o contrato anulável, obriga-se a vítima a cumprir todas as suas cláusulas. De outra parte, se opta por rescindi-lo diante da comprovação de existência de corrupção na sua celebração, terá o direito de requerer a restituição integral à situação anterior ao ajuste, inclusive obter para si a propina recebida por seu agente[81].

---

80. BONELL, Michael Joachim; MEYER, Olaf. **The impact of corruption on international commercial contracts**. Heidelberg: Springer, 2015.

81. "*World Duty Free v Kenya* provides an example of a contract which was voidable because it was procured by corruption, and was eventually set aside by the victim of corruption, Kenya. The investor in *World Duty Free* was an Isle of Man corporation known as World Duty Free Company Ltd. It initiated

De outra parte, se o contrato foi firmado para facilitar corrupção (*provide for corruption*), ou seja, com objeto ilegal, o ajuste é nulo de pleno direito e não poderá ser convalidado por qualquer das partes. Assim, as partes não poderão formular qualquer pedido de cumprimento de obrigação ou indenização em relação ao contrato junto ao tribunal arbitral, posto que *ex turpi causa non oritur actio.* Nessas hipóteses, os pedidos decorrentes do contrato nulo não são admitidos pelo árbitro por se basearem em contrato nulo, o que afasta o exame do mérito.

Merece destaque o precedente estabelecido no caso ICC n. 1.110, no qual o juiz Gunnar Lagergren não reconheceu a jurisdição do tribunal arbitral por entender que a corrupção, naquele caso concreto, de funcionários do governo argentino gerou contrato nulo de pleno direito, considerando que seu objeto era facilitar a corrupção (*provide for coruption*).

A esse respeito, Yas Banifatemi distingue a inarbitrabilidade de uma disputa de sua inadmissibilidade pelo tribunal arbitral, chegando à conclusão de que o que o juiz Lagergren referia como inarbitrabilidade, na realidade, era a inadmissibilidade da demanda:

> the rationale of Lagergren's award lies not so much in the claim's inarbitrability but rather in its inadmissibility, which in turn is founded on general principles of law such as *nemo auditur propriam turpitudinem allegans* [82].

ICSID arbitration against Kenya pursuant to an arbitration clause in a contract to run duty-free operations in Kenya's international airports in Nairobi and Mombasa, alleging that Kenya had breached the contract by, *inter alia*, appointing a receiver over its operations. During the proceedings, the investor filed a memorial in which the investor admitted to paying a US$2 million – personal *donation* to Mr Daniel arap Moi, then President of Kenya – in *order to be able to do business with the Government of Kenya*. The tribunal had no doubt that this was a bribe to obtain the contract". Tradução livre: World Duty Free *v.* Quênia fornece um exemplo de contrato anulado, por opção da vítima da corrupção, o Quênia, porque foi adquirido via ato de corrupção. O investidor na World Duty Free foi uma corporação da Isle of Man conhecida como World Duty Free Company Ltd. Esta iniciou a arbitragem ICSID contra o Quênia com fundamento em uma cláusula de arbitragem inserida em contrato de administração das operações *duty-free* nos aeroportos internacionais do Quênia em Nairóbi e Mombaça, alegando que o Quênia teria violado o contrato em questão ao nomear um administrador judicial para as suas operações. Durante o procedimento, o investidor apresentou um memorial no qual o investidor admitiu ter pago U$ 2 milhões – doação pessoal "ao Sr. Daniel Arap Moi, então Presidente do Quênia – a fim de viabilizar negócios com o governo do Quênia". O tribunal não teve dúvidas de que se tratava de ato de corrupção para obter o contrato.

82. BANIFATEMI, Yas. Chapter 1: The impact of corruption on "gateway issues" of arbitrability, jurisdiction, admissibility and procedural issues. *In*: BAIZEAU, Domitille e; KREINDLER, Richard H. (eds). Addressing issues of corruption in commercial and investment arbitration. **Dossiers of the ICC Institute of World Business Law**. v. 13. Kluwer Law International; International Chamber of Commerce (ICC), 2015, p.

O Código Civil brasileiro estabelece regras de solução semelhantes às da *common law*, porém, não há uma solução dogmática única para a questão, o que torna essencial analisar o caso concreto. Inicialmente, o legislador considera nulo o negócio jurídico cujo objeto é ilícito, hipótese do contrato que visa facilitar a corrupção (artigo 166, II)[83]. Sendo nulo, o negócio jurídico não é suscetível de confirmação e nem convalesce pelo decurso do tempo, razão pela qual não produz efeitos no mundo jurídico[84] (artigo 169)[85].

Conforme ensina Maria Helena Diniz, a nulidade absoluta é a sanção cominada ao contratante que transgrida preceito de ordem pública operando de pleno direito. Neste caso, o contrato terá efeito *ex tunc*, ou seja, não produzirá efeitos desde sua contratação[86].

Já o negócio jurídico anulável, caso do contrato obtido via ato de corrupção, porém com objeto lícito, este pode ser confirmado pela parte inocente, por meio de expressa manifestação de vontade em mantê-lo ou execução voluntária das obrigações assumidas (artigos 172 a 174)[87]. Se a parte inocente requerer a anulação do negócio jurídico, o juiz ou árbitro deverá restituí-la ao *status quo ante e*, se não for possível, fixará indenização (artigo 182)[88].

Note-se que o negócio jurídico anulável, diversamente do negócio jurídico nulo, trata-se tão somente do reconhecimento de que o contrato é defeituoso, o que não lhe tira a relevância jurídica, visto que permanecerá eficaz enquanto não se mover ação que decrete tal nulidade, por ter a nulidade relativa efeito *ex nunc*[89].

---

05. Tradução livre: "A fundamentação da sentença de Lagergren reside não tanto na arbitrabilidade da reivindicação, mas em sua inadmissibilidade, que por sua vez se baseia em princípios gerais de direito, como *nemo auditur propriam turpitudinem allegans*".

83. BRASIL. Código Civil (2002). Art. 166. É nulo o negócio jurídico quando: [...] II – for ilícito, impossível ou indeterminável o seu objeto.

84. AZEVEDO, Antônio Junqueira de. **Negócio jurídico**: existência, validade e eficácia. 4. ed. São Paulo: Saraiva, 2010, p. 63.

85. BRASIL. Código Civil (2002). Art. 169. O negócio jurídico nulo não é suscetível de confirmação, nem convalesce pelo decurso do tempo.

86. DINIZ, Maria Helena. **Curso de direito civil brasileiro**: teoria geral das obrigações contratuais e extracontratuais. v. 3. 31. ed. São Paulo: Saraiva, 2015, p. 178.

87. BRASIL. Código Civil (2002). Art. 172. O negócio anulável pode ser confirmado pelas partes, salvo direito de terceiro; Art. 173. O ato de confirmação deve conter a substância do negócio celebrado e a vontade expressa de mantê-lo; Art. 174. É escusada a confirmação expressa, quando o negócio já foi cumprido em parte pelo devedor, ciente do vício que o inquinava.

88. BRASIL. Código Civil (2002). Art. 182. Anulado o negócio jurídico, restituir-se-ão as partes ao estado em que antes dele se achavam, e, não sendo possível restituí-las, serão indenizadas com o equivalente.

89. DINIZ, Maria Helena. **Curso de direito civil brasileiro**: teoria geral das obrigações contratuais e extracontratuais. v. 3. 31. ed. São Paulo: Saraiva, 2015, p. 178.

Nas palavras de Caio Mário da Silva Pereira:

> O Código Civil de 2002, na esteira do anterior, procurou, a propósito, adotar uma sistemática simples, inscrevendo de um lado a nulidade, que é sempre pleno *iure* [...] e, de outro lado, a anulabilidade, que é a decretação de ineficácia sob inspiração de um interesse privado. No sistema do Código Civil, portanto, o vocábulo nulidade já por si tem o sentido de absoluto, e é de pleno direito; a expressão nulidade relativa deve dar lugar à anulabilidade[90].

A expressão invalidade do negócio jurídico abrange tanto a nulidade, quanto a anulabilidade e é empregada para designar o negócio que não produz os efeitos desejados pelas partes. Como ensina Oswaldo Peregrina Rodrigues, a nulidade fere a um interesse social, afetando a todos e é considerada uma infração grave, razão pela qual não pode ser corrigida[91]. O ato nulo não gera direitos ou obrigações para as partes; não cria situações jurídicas definitivas; e não admite convalidação. Já a anulabilidade é decretada no interesse da pessoa prejudicada, podendo ser suprida ou sanada a requerimento das partes[92].

Na visão de Hely Lopes Meirelles[93], apesar de ser aplicável ao direito administrativo a teoria das nulidades, uma vez que as normas contidas no direito civil provêm da teoria geral do direito, no direito público não haveria lugar para os atos anuláveis. Isto porque a nulidade (absoluta) e a anulabilidade (relativa) assentariam, respectivamente, na ocorrência do interesse público e do interesse privado na manutenção ou eliminação do ato irregular. Quando o ato é de exclusivo interesse de particulares – o que só ocorre no direito privado – embora ilegítimo ou ilegal, pode ser mantido ou invalidado segundo o desejo das partes; quando é de interesse público – e tais são todos os atos administrativos – e a sua legalidade se impõe como condição de validade e eficácia do ato, não se admite o arbítrio dos interessados para a sua manutenção ou invalidação, porque isto ofenderia a exigência de legitimidade da atuação pública.

---

90. PEREIRA, Caio Mário da Silva. **Instituições de direito civil**. v. I. 25. ed. Rio de Janeiro: Forense, 2012, p. 532.
91. RODRIGUES, Oswaldo Peregrina; STEFANO, Isa Gabriela de Almeida. **Teoria geral do direito civil**. 2. ed. São Paulo: Verbatim, 2017, p. 156.
92. GONÇALVES, Carlos Roberto. **Direito civil**: parte geral. 19. ed. São Paulo: Saraiva, 2012, p. 174.
93. MEIRELLES, Hely Lopes. **Direito administrativo brasileiro**. São Paulo: RT, 1991, p. 182-184.

Nesta linha de raciocínio que fundamenta a teoria monista, o ato administrativo é nulo ou válido. Se for nulo deve ser desfeito por haver vício de ilegalidade na sua formação, não comportando eventual convalidação por parte da Administração Pública.

Apesar de ser juridicamente justificável a lição de Hely Lopes Meirelles, a realidade pode criar situações novas que não cabem na teoria monista. A base da teoria de que em direito público não há lugar para atos anuláveis é proteger o interesse público. No entanto, em certos casos, a decretação da nulidade do ato administrativo ou do contrato público pode fugir do interesse público.

Oswaldo Aranha Bandeira de Mello, em contraposição à Hely Lopes Meirelles, entende:

> a adoção no Direito Administrativo da mesma posição do Direito Civil quanto aos atos nulos e anuláveis não acarreta qualquer dificuldade de aplicação, desde que se considerem as peculiaridades próprias desses dois ramos jurídicos [...] a aplicação da teoria da nulidade e anulabilidade dos atos em um ou outro ramo jurídico se adota pela semelhança de situação e identidade de razão. Jamais pela identidade de situação. Consiste em aplicação analógica[94].

Na mesma linha, Maria Sylvia Zanella Di Pietro conclui:

> a Administração tem, em regra, o dever de anular os atos ilegais, sob pena de cair por terra o princípio da legalidade. No entanto, poderá deixar de fazê-lo, em circunstâncias determinadas, quando o prejuízo resultante da anulação puder ser maior do que o decorrente da manutenção do ato ilegal; nesse caso, é o interesse público que norteará a decisão[95].

A doutrina majoritária defende que os atos administrativos podem ser nulos ou anuláveis, mensurando-se, para tanto, a menor ou maior gravidade do vício, conforme justifica a teoria dualista. Em princípio, os vícios sanáveis são aqueles relacionados à competência, forma e objeto plúrimo e os insanáveis os que envolvem o motivo, objeto único, finalidade e incongruência entre o motivo e o resultado do ato.

---

94. MELLO, Oswaldo Aranha Bandeira. **Princípios gerais de direito administrativo**. São Paulo: Forense, 1969, p. 583.
95. DI PIETRO, Maria Sylvia Zanella. **Direito administrativo**. 8. ed. São Paulo: Atlas, 1997, p. 195.

A discussão doutrinária sobre a aplicação das regras do direito civil que disciplinam a nulidade e a anulabilidade dos atos jurídicos ao direito administrativo, bem como o embate entre as teorias monista e dualista, foram enfraquecidos diante da edição da Lei Federal n. 9.784/1999, que ao disciplinar as normas do processo administrativo no âmbito da Administração Federal direta e indireta, estabeleceu, no artigo 55, a possibilidade da Administração Pública "em decisão na qual se evidencie não acarretarem lesão ao interesse público, nem prejuízo a terceiros," convalidar os atos que apresentem defeitos sanáveis.

Em consonância com a teoria dualista adotada pelo ordenamento jurídico nacional, o Supremo Tribunal Federal consagrou o princípio da autotutela da Administração Pública em relação aos atos nulos e anuláveis em duas súmulas:

(i) Súmula 346 – A Administração Pública pode declarar a nulidade dos seus próprios atos.

(ii) Súmula 473 – A Administração pode anular seus próprios atos quando eivados de vícios que os tornem ilegais, porque deles não se originam direitos; ou revogá-los por motivo de conveniência e oportunidade, respeitados os direitos adquiridos e ressalvada, em todos os casos, a apreciação judicial.

Observe-se que transcorridos cinco anos da formalização do ato administrativo, a Administração não poderá anulá-lo, desde que tenha produzido efeito favorável ao destinatário, em respeito ao princípio da segurança jurídica, salvo comprovada má-fé (Lei Federal n. 9.784/1999, art. 54).

Transpondo tais regras sobre a nulidade e a anulabilidade dos atos administrativos aos contratos públicos celebrados com a mácula da corrupção, são diversos os aspectos a serem analisados, sobretudo nas hipóteses em que já produziram a totalidade ou quase a totalidade dos efeitos – teoria do fato consumado.

A corrupção não é de forma alguma um "crime sem vítimas". Pelo contrário, muitos suportam o impacto de suas consequências. Na conhecida operação da polícia federal "Lava Jato", por exemplo, a Petrobras foi reconhecida pelo Ministério Público Federal como vítima do esquema de corrupção criado pelas empreiteiras, visto que não obteve nenhuma vantagem. Os preços oferecidos à Petrobras eram calculados e ajustados em reuniões secretas nas quais as empreiteiras definiam quem ganharia o contrato e qual seria o preço inflado em benefício privado e em prejuízo dos cofres da estatal[96].

No caso da Petrobras, a empresa estatal foi a vítima do crime de corrupção, assim como a União, que é acionista majoritária da sociedade de economia mista. O esquema de corrupção envolveu inúmeros contratos de engenharia. Na hipótese de haver interesse da empresa estatal em manter alguns daqueles termos contratuais, seja porque a empreiteira já desempenhou quase a totalidade do contrato ou porque a realização de nova licitação e substituição da empreiteira corrupta seria mais custosa para o Estado, poderia, desde que justificada a vantajosidade para a empresa estatal, promover unilateralmente a redução do preço inflado e a exclusão do item lucro da composição do preço apresentada na proposta pela empreiteira corrupta, de maneira que a Petrobras pagasse somente o custo real da obra, saneando as condições do ajuste originalmente previstas. Esta medida implica o reconhecimento da prevalência do princípio do interesse público sobre o princípio da legalidade estrita, em situações excepcionais.

E mais, a decisão pela manutenção do contrato viciado não elide a aplicação de outras penalidades administrativas, como, por exemplo, a declaração de inidoneidade da empresa para licitar ou contratar com o Poder Público, e nem das penalidades civis e criminais.

De outra parte, se a opção da empresa estatal, nos exemplos aqui tratados, for pela declaração de nulidade do contrato, os efeitos da invalidação retroagem ao momento da sua celebração (*ex-tunc*), ressalvados os direitos de terceiros de boa-fé.

Em qualquer das hipóteses, a decisão deve estar fundamentada na solução que melhor atender ao interesse público. Se a declaração de nulidade do contrato for a melhor opção para a Administração Pública, deve-se optar por este caminho. No entanto, se o ente público for vítima da corrupção e for do seu interesse manter o contrato, com as devidas alterações unilaterais do ajuste, para melhor adequá-lo às finalidades de interesse público, sanando as irregularidades, com a prerrogativa prevista no artigo 58 da Lei de Licitações, que garante a manutenção do equilíbrio econômico-financeiro durante todo o período de sua execução, deve-se seguir por este outro caminho.

96. BRASIL. Ministério Público Federal. **Caso Lava Jato**. Disponível em: http://www.mpf.mp.br/grandes-casos/lava-jato/entenda-o-caso. Acesso em: 26 nov. 2020.

Acrescente-se que o Código Civil não distingue entre contratos públicos e privados, autorizando a convalidação dos ajustes públicos defeituosos, desde que observados os princípios previstos no artigo 37 da Constituição Federal, os requisitos do artigo 55 da Lei Federal n. 9.784/1999 e a vantajosidade para a empresa estatal ou Administração Pública na manutenção do contrato.

Caso um tribunal arbitral se depare com um contrato contaminado por corrupção e tenha que decidir as consequências legais da verificação do crime, a decisão do tribunal deve priorizar o interesse público, o qual já foi ferido pela existência do ato de corrupção.

Como já dito, a corrupção não é um crime sem vítimas e pode ser extremamente difícil para o tribunal avaliar se a Administração Pública tem o direito ou não de convalidar os atos que apresentem defeitos sanáveis e se este direito atenderá o interesse público acima do interesse das partes. Para tanto, o tribunal deve analisar as peculiaridades do caso concreto e utilizar as correntes doutrinárias e normas expostas acima para decidir, sempre visando o bem comum.

Apesar de ser mais prático optar pela declaração de nulidade do contrato, o tribunal deve se atentar às peculiaridades do caso e decidir se a declaração de nulidade realmente atenderá ao interesse público ou se lesará ainda mais o patrimônio público, como, por exemplo, nas situações em que o contrato já tenha sido cumprido em quase sua totalidade ou que a abertura de novo procedimento licitatório atrase ainda mais a conclusão do objeto contratual.

A nulidade não deve ser declarada indiscriminadamente, para todo e qualquer caso; cabe ao tribunal ter o cuidado de analisar as nuances de cada caso concreto e decidir em prol do interesse público.

3.7. POSSIBILIDADE DA PARTE REIVINDICAR A RESTITUIÇÃO DO QUE EFETIVAMENTE DESEMPENHOU NA EXECUÇÃO DE CONTRATO OBTIDO VIA ATO DE CORRUPÇÃO

Além das consequências legais oriundas da verificação de corrupção, outra questão polêmica na jurisprudência arbitral diz respeito ao destino dos benefícios executados sob um contrato contaminado pela corrupção. Embora esteja bem estabelecido nos sistemas de *civil law* e de *common law* que os contratos contaminados por corrupção são inválidos, há divergência doutrinária a respeito da possibilidade de a parte reivindicar a restituição do que efetivamente desempenhou na execução do contrato, sob pena de enriquecimento ilícito[97] da contraparte.

A abordagem tradicional para esta questão, que continua a ser mantida na legislação nacional da maioria dos países, é negar a restituição nessas circunstâncias. Este princípio, consagrado na máxima *in pari causa turpitudinis cessat repetitio* ("onde ambas as partes são culpadas, ninguém pode se recuperar"), implica a seguinte conclusão: as partes de um contrato não devem receber o retorno de seu desempenho se a invalidade do contrato resultar *contra legem* ou *contra bonos moros*. A política por trás da regra é criar incertezas quanto à execução de contratos ilícitos, a fim de dissuadir as partes de celebrá-los. Por exemplo, vários sistemas jurídicos reconhecem que o pagamento de suborno é uma *causa turpis* e impedem a reivindicação de restituição pela parte que paga o suborno[98].

Um caso recente de arbitragem comercial internacional envolvendo discussão sobre pagamento de contrato contaminado por corrupção é o procedimento Alstom *v.* Alexander Brothers Ltd, no qual duas entidades da Alstom firmaram contratos de consultoria com a Alexander Brothers, uma empresa de Hong Kong, para que esta última os auxiliasse a submeter propostas de fornecimento de material para projetos ferroviários na China[99]. Alguns anos depois, a Alexander Brothers iniciou arbitragem na Câmara de Comércio Internacional, em Genebra, no ano de 2013, buscando a restituição de pagamentos supostamente devidos pela Alstom. Em 2016, o tribunal arbitral proferiu sentença ordenando o pagamento das importâncias devidas.

A Alstom, então, ajuizou uma ação anulatória de sentença arbitral perante o Supremo Tribunal Federal Suíço, pretensão que foi rejeitada. Já na ação de execução da sentença, em trâmite perante o

---

97. Não há um conceito fechado do que seria enriquecer para a teoria do enriquecimento sem causa. Justamente por ser uma figura ampla, Giovanni Ettore Nanni verifica: "trata-se de conceito elástico e indeterminado, cuja definição no caso concreto dependerá das vicissitudes da situação hipotética submetida à apreciação". Para o autor, são possibilidades de enriquecimento: (i) o proveito obtido, (ii) a diminuição do passivo, também denominado enriquecimento negativo, e (iii) a vantagem não patrimonial. NANNI, Giovanni Ettore. **Enriquecimento sem causa**. 2. ed. São Paulo: Saraiva, 2010, p. 235.

98. GAILLARD, Emmanuel. **The emergence of transnational responses to corruption in international arbitration**. Oxford University Press, Arbitration International, 2019, p. 10.

99. TERRIEN, Armand. Decisions of the Paris Court of Appeal and French Supreme Court in 2019. **Kluwer Arbitration Blog**, 2020.

Tribunal de Paris, a Alstom argumentou que efetuar os pagamentos determinados pelo tribunal arbitral violaria as cláusulas de ética e *compliance* incluídas nos contratos de consultoria e que a execução da sentença arbitral resultaria no cumprimento de um contrato obtido por meio de corrupção e propinas, o que violaria os princípios da ordem pública francesa.

A Alstom argumentou ainda que a Alexander Brothers está sujeita a processos criminais por corrupção nos Estados Unidos e no Reino Unido e que, ao pagar uma remuneração a um consultor sem documentos que comprovasse a prestação do serviço, incorreria no risco de estar sujeita a sanções[100].

Decisão proferida em 2018 pelo Tribunal de Paris entendeu ser necessário, para apurar se a execução da sentença resultaria na prática de corrupção, examinar todos os elementos de fato e de direito relevantes ao caso, sem estar vinculado à decisão arbitral subjacente ou disposições potencialmente relevantes da lei que rege o mérito da causa, outorgando-se amplos poderes de investigação. O tribunal considerou que fortes evidências circunstanciais (*faisceau d'indices*) eram suficientes para negar o reconhecimento da sentença ou sua execução, mesmo na ausência de processo penal em relação ao mesmo fato, ou mesmo se esses fatos não atendessem ao ônus da prova que seria exigida no processo penal.

Após ter solicitado argumentos detalhados das partes sobre aqueles pontos, o Tribunal de Paris decidiu, em maio de 2019, que havia provas suficientes de que a execução da sentença daria efeito a uma transação corrupta. Com base nisso, entendeu que a sentença arbitral não poderia ser executada, sob pena de violação da ordem pública internacional.

Este é um exemplo clássico das incertezas envolvendo a execução de contratos ilícitos.

Na mesma linha, a Lei Federal n. 8.666/1993 (Lei de Licitações) prevê em seu artigo 59 que a declaração de nulidade do contrato, a despeito de operar com efeito *ex-tunc*, impedindo os efeitos jurídicos que deveria produzir e desconstituindo os já produzidos, não exonera o dever da Administração de indenizar o contratado pelo objeto que

100. COSTA E SILVA, Paula. **Corrupção, ordem pública e decisão arbitral**: a propósito do caso Alstom. Lisboa: Almedina, 2019, p. 844.

já houver sido executado, desde que o particular não tenha dado causa à nulidade. Portanto, a indenização pelo serviço já executado ou bens já entregues está condicionada à boa-fé do contratado, que por conduta comissiva ou omissiva não contribuiu para configurar o vício ensejador da declaração de nulidade.

O Superior Tribunal de Justiça, ao interpretar o dispositivo legal da Lei de Licitações, pacificou o entendimento:

> [...] ainda que o contrato realizado com a Administração Pública seja nulo, por ausência de prévia licitação, o ente público não poderá deixar de efetuar o pagamento pelos serviços prestados ou pelos prejuízos decorrentes da administração, desde que comprovados, ressalvada a hipótese de má-fé ou de ter o contratado concorrido para a nulidade (AgRg no Ag 1056922/RS).

No caso específico de corrupção, se o contratado praticou os atos que macularam a higidez do contrato administrativo, não terá direito de obter indenização, pois ninguém pode beneficiar-se da própria torpeza, conforme dita as regras do bom direito, sendo esta uma abordagem de tolerância zero à corrupção.

Contudo, a título de questionamento, em contraposição ao entendimento do Tribunal de Paris e às normas da Lei de Licitação, seria possível defender o direito da parte de reivindicar a restituição do que efetivamente desempenhou na execução do contrato contaminado por corrupção, retirando-se da composição do preço o lucro e avaliando se os preços praticados estão de acordo com os de mercado, reduzindo unilateralmente a contraprestação, para retomar o equilíbrio econômico-financeiro.

Dessa forma, os benefícios sujeitos à restituição, em atenção ao princípio da proporcionalidade, se resumiriam em certos custos e despesas legítimas incorridos durante a execução do contrato, como, por exemplo, o custo de fornecimento dos bens ou serviços contratados[101].

Este direito estaria fundamentado no princípio jurídico da vedação do enriquecimento sem causa[102] da contraparte no limite da

101. OECD. World Bank. **Identification and quantification of the proceeds of bribery**. Revised edition. OECD Publishing, 2012, p. 36.

102. BRASIL. Código Civil (2002). Art. 884. Aquele que, sem justa causa, se enriquecer à custa de outrem, será obrigado a restituir o indevidamente auferido, feita a atualização dos valores monetários.

efetiva execução do contrato. Assim, se forem realizadas as devidas medições, a demonstrar quantitativamente o que foi executado e a sua conformidade com as regras contratuais, a parte executora poderia ser indenizada pelos seus custos, desde que compatíveis com os valores de mercado, excluindo-se, conforme já dito, da composição do preço o lucro previsto e os eventuais prejuízos causados ao contratante, como pagamentos indevidos ou superfaturados.

Giovanni Ettore Nanni esclarece que no enriquecimento sem causa a preocupação é

> extrair do patrimônio do enriquecido o que indevidamente foi acrescido. Nessa circunstância, não se afere a situação do empobrecido, pois, em algumas hipóteses, o enriquecimento basta para subsidiar a pretensão, sendo despiciendo o correspectivo empobrecimento[103].

E conclui:

> enriquecimento sem causa deve intervir sem estar vinculado à fonte do enriquecimento, se quiser preencher todas as lacunas deste campo jurídico. É unicamente ao enriquecimento que a lei se refere, transferindo-o do patrimônio do enriquecido para o patrimônio do titular dos bens à custa dos quais ele foi obtido. A fonte de enriquecimento pode ser das mais variáveis, interessando só que seu resultado seja criticado pela ordem jurídica. Em conclusão: no enriquecimento sem causa a lei refere-se aos efeitos benéficos da deslocação patrimonial num certo patrimônio[104].

Essa possibilidade de indenização pelos serviços prestados, obras executadas ou bens entregues tem o condão de evitar que a parte beneficiária aguarde a execução total do contrato, sem nada pagar, para alegar, ao final, a corrupção e, dessa forma, enriquecer-se indevidamente à custa da outra.

Marçal Justen Filho destaca:

> o Estado não pode apropriar-se de um bem privado, a não ser mediante desapropriação, com o pagamento de justo preço. É evidente que seria inconstitucional o Estado comprar um bem e, em seguida,

103. NANNI, Giovanni Ettore. **Enriquecimento sem causa**. 2. ed. São Paulo: Saraiva, 2010, p. 237-238.
104. NANNI, Giovanni Ettore. **Enriquecimento sem causa**. 2. ed. São Paulo: Saraiva, 2010, p. 237-238.

> anular o contrato e ficar com o bem sem pagar o preço. Muito mais despropositado seria produzir esse resultado mediante a invocação de defeito na própria atividade administrativa pública. A anulação contratual não pode gerar efeitos equivalentes aos do confisco[105].

Tal raciocínio aplica-se ao caso de contratos declarados nulos ou anuláveis por corrupção, com fundamento na teoria do enriquecimento sem causa, que assegura indenizações justas, especialmente nos casos em que as obras foram executadas e os serviços prestados.

Além do enriquecimento sem causa, o veto ao direito de restituição colocaria o tribunal arbitral em uma posição imprópria de impor sanções pecuniárias a um agente, que já está sujeito a outras sanções administrativas de caráter pecuniário, como aplicação de multa e declaração de inidoneidade para licitar ou contratar com a Administração Pública, resultando em uma dupla penalidade pelo mesmo fato gerador.

A penalidade excessiva pode fazer com que a parte corrupta, que desempenhou certas etapas do contrato, não consiga arcar com os salários de seus funcionários ou custos de prestadores de serviços, o que prejudicaria terceiros de boa-fé envolvidos na execução do contrato.

Interessante destacar que o Tribunal de Contas da União, no acórdão proferido no processo TC 030.174/2018-0, concluiu que cláusula inserida na apólice de seguro apresentada por licitante excluindo a cobertura de prejuízos decorrentes de corrupção é válida se a violação às normas anticorrupção decorrer de ação ou omissão do segurado (Administração Pública) ou seu representante, no entanto, se for do contratante do seguro ou seu representante, a seguradora deve ressarcir os prejuízos causados à Administração Pública, de forma a desestimular a corrupção praticada por contratados e garantir a devida indenização ao erário[106].

De acordo com o voto condutor da decisão, levado a plenário pelo Ministro Raimundo Carreiro,

---

105. JUSTEN FILHO, Marçal. **Comentários à Lei de Licitações e Contratos Administrativos**. 16. ed. São Paulo: RT, 2014, p. 972.

106. TRIBUNAL DE CONTAS DA UNIÃO. **Seguro feito por licitantes pode negar indenização a atos emanados de corrupção**. Publicado em: 12-07-2019. Disponível em: https://portal.tcu.gov.br/imprensa/noticias/seguro-feito-por-licitantes-pode-negar-indenizacao-a-atos-emanados-de-corrupcao.htm. Acesso em: 23 nov. 2020.

> o dever de cobrir os prejuízos decorrentes de atos de corrupção para os quais a própria Administração Pública concorreu seria permitir o benefício da própria torpeza de quem é o principal beneficiário do seguro-garantia, além de elevar os custos desse tipo de contratação a patamares desconhecidos, mas que, ao fim e ao cabo, teriam de ser suportados pelos cofres públicos.

Se uma situação similar à indicada acima, em que houve corrupção em contrato firmado entre a Administração Pública e o licitante, fosse levada à arbitragem, o tribunal arbitral deveria considerar no seu julgamento que um Estado não deve utilizar um processo arbitral, cujo fato ilícito em disputa é originado da própria conduta estatal que permitiu a formação de um esquema de corrupção no procedimento licitatório, para formular pedido de restituição indevido das parcelas contratuais já pagas[107].

Em certas circunstâncias, os tribunais devem encontrar maneiras de mitigar essa injustiça percebida por meio de remédios extracontratuais, como, por exemplo, concedendo à parte executora reembolso dos custos correspondentes ao trabalho realizado conforme o contrato.

Caso contrário, o contratante se valeria de enriquecimento sem causa. No Caso ICC n. 8.891, por exemplo, o tribunal arbitral observou que sua decisão de que o contrato em disputa era nulo e sem efeito, visto que previa suborno, "sem qualquer dúvida, gera uma consequência que é, no mínimo, desagradável dado que a parte que se beneficiou dos serviços prestados pela contraparte ficará dispensada do pagamento acordado".

O dever de restituição do custo do executante, por uma questão política, atinge melhor o objetivo central de combater a corrupção, visto que, para os Estados, uma abordagem de "tolerância zero" para a corrupção poderia incentivar o envolvimento de funcionários públicos em atos de corrupção, visto que o Estado estaria isento de arcar com o custo do contrato contaminado por corrupção. E para os empresários, uma abordagem de "tolerância zero" os incentiva a concentrar menos recursos no autopoliciamento e na denúncia, porque a autoinvestigação é punida ao invés de ser recompensada.

107. Nesse sentido, caso ICC n. 12290.

Sendo reconhecido pelo tribunal arbitral o pedido de indenização pelos serviços prestados pelo executante, há um item que deve ser excluído do cálculo da restituição, que são os custos da arbitragem. A constatação do dever do Estado de restituição não significa que o particular se consagrou vencedor da arbitragem, especialmente nos contratos declarados nulos ou anuláveis por corrupção. Nesses casos, o particular deverá arcar integralmente com as custas do processo arbitral.

O DEVER DE DENÚNCIA PELO ÁRBITRO

Uma questão final a ser analisada é se os árbitros têm a obrigação de informar às autoridades, mais especificamente ao Ministério Público, sobre os indícios de corrupção apresentados durante a arbitragem e, nesse caso, se isso seria uma violação de sua obrigação de manter a confidencialidade do procedimento.

No Brasil, as arbitragens envolvendo a Administração Pública observam por regra o princípio da publicidade, em observância ao artigo 2º, parágrafo 3º da Lei de Arbitragem[1]. Entretanto, determinadas questões submetidas ao processo arbitral exigem sigilo para a efetiva defesa do interesse público, tais como questões de segurança nacional, dados protegidos por lei ou informações sensíveis das partes. Nesse sentido, o Decreto do Estado de São Paulo nº 64.356, de 31 de julho de 2019, que dispõe sobre o uso da arbitragem para resolução de conflitos envolvendo a Administração Pública, prevê em seu artigo 12[2] que os atos do procedimento arbitral serão públicos, ressalvadas as hipóteses legais de sigilo ou segredo de justiça.

Mesmo nos casos em que a confidencialidade, parcial ou total, seja imposta, o dever de divulgação pode surgir da legislação nacional

1. Artigo 2º, § 3º A arbitragem que envolva a administração pública será sempre de direito e respeitará o princípio da publicidade.
2. Artigo 12 - Os atos do procedimento arbitral serão públicos, ressalvadas as hipóteses legais de sigilo ou segredo de justiça.

   § 1º – Para fins de atendimento deste dispositivo, consideram-se atos do procedimento arbitral as petições, laudos periciais, Termo de Arbitragem ou instrumento congênere e decisões dos árbitros.

   § 2º – A Procuradoria Geral do Estado disponibilizará os atos do procedimento arbitral na rede mundial de computadores.

   § 3º – As audiências do procedimento arbitral poderão ser reservadas aos árbitros, secretários do Tribunal Arbitral, partes, respectivos procuradores, testemunhas, assistentes técnicos, peritos, funcionários da câmara arbitral e pessoas previamente autorizadas pelo Tribunal Arbitral.

a que os membros do tribunal estão sujeitos[3] ou de obrigações éticas. E este dever prevalece sobre qualquer obrigação expressa ou implícita de confidencialidade. Por exemplo, as políticas contra a lavagem de dinheiro, que muitas vezes são complementadas pela legislação anticorrupção[4], podem impor aos árbitros a obrigação de denunciar suas suspeitas, desde que fundadas em evidências, sobre as atividades corruptas de uma parte e dispensá-los de qualquer responsabilidade por violação das obrigações de confidencialidade.

A legislação cingalesa contra a lavagem de dinheiro, por exemplo, é redigida em termos suficientemente amplos para ter esse efeito. O artigo 39 da *Corruption, Drug Trafficking and Other Serious Crimes Act* (CDSA) impõe o dever de divulgação a uma pessoa que sabe ou tem motivos razoáveis para suspeitar que certos bens podem representar produto de uma conduta criminal ou foram usados em conexão a ela. Assim, se um árbitro estiver diante de um procedimento cujo tribunal seja sediado em Cingapura e tiver suspeitas razoáveis de que uma parte subornou um funcionário do governo a fim de firmar um contrato público, o artigo 39 da CDSA lhe impõe a obrigação de relatar as suas suspeitas às autoridades competentes de Singapura. Não o fazer enseja condenação e multa[5].

Deve-se observar também que, embora não haja compulsão legal para que um árbitro divulgue atividades corruptas, a divulgação do ato ilícito às autoridades relevantes pode ser abrangida pelo

---

3. CREMADES, Bernardo M; CAIRNS, David J. A. Transnational public policy in international arbitral decision making: the cases of bribery, money laundering and fraud. *In*: BERKELEY, Andrew; KARSTEN, Kristine (eds.). Arbitration: money, laundering, corruption and fraud. **Dossiers of the ICC Institute of World Business Law**, v. 1. Kluwer Law international, 2003, p. 85.
4. CHAIKIN, David. **Commercial corruption and money laundering**: a preliminary analysis. v. 15, n. 3, 2008, p. 270. "Corruption and money laundering often occur together, with the presence of one reinforcing the other. Corruption generates billions of dollars of funds that will need to be concealed through the money laundering process. At the same time, corruption contributes to money laundering activity through payment of bribes to persons who are responsible for the operation of AML systems. The close linkage between corruption and money laundering suggests that policies that are designed to combat both crimes will be more effective". Tradução livre: "A corrupção e a lavagem de dinheiro frequentemente ocorrem juntas, sendo que a existência de uma reforça a existência da outra. A corrupção gera bilhões de dólares em caixas que precisam ser ocultados por meio do processo de lavagem de dinheiro. Ao mesmo tempo, a corrupção contribui para a atividade de lavagem de dinheiro por meio do pagamento de subornos a pessoas responsáveis pela operação dos sistemas de AML. A estreita ligação entre corrupção e lavagem de dinheiro sugere que as políticas concebidas para combater ambos os crimes serão mais eficazes".
5. HWANG, Michael; LIM, Kevin. Corruption in arbitration: law and reality. **1 Asian International Arbitration Journal**, v. 8, p.1-119, 2012. Artigo decorrente de palestra proferida no Herbert Smith-SMU Asian Arbitration Lecture, em 2011 (Singapura), p. 48-49.

interesse público ou pelos interesses da justiça. Ambos configuram exceções à confidencialidade, como já visto na seção 2.4. Nesse sentido, a divulgação às autoridades competentes, por uma das partes, de documentos relativos a uma arbitragem que provassem a prática de atos ilegais e fraudulentos não constitui violação ao dever implícito de confidencialidade dessa parte na arbitragem[6]. Em princípio, a mesma exceção deverá ser aplicada aos árbitros.

Nesse sentido, Abiola Makinwa explica:

> Such approach may be possible by developing a form of socially responsible international arbitration where [...] the primary obligation of the international arbitrator, as agent to the parties, would be replaced by an obligation to the larger society. Beyond this threshold, a duty to report the incidence and occurrence of international corruption would be imposed on the arbitrator by the State. The rationale for this could centre on the proposition that in the absence of the grant of a right of private enforcement, matters involving public rights are beyond the scope of the delegated power to settle private disputes granted by the State to international arbitrators[7].

Nem todas as jurisdições reconhecem uma obrigação implícita de confidencialidade na ausência de disposição expressa na legislação nacional ou na convenção arbitral assinada pelas partes para que o processo arbitral seja mantido confidencial. Portanto, a divulgação de questões relativas a arbitragens nessas jurisdições, na falta de acordo expresso das partes para preservar a confidencialidade do processo arbitral, não dará origem à violação de sigilo.

Por conseguinte, não é necessário que uma parte, que tenha revelado às autoridades competentes questões relativas a uma arbi-

6. HWANG, Michael; THIO, Nicholas. **A contextual approach to the obligation of confidentiality in arbitration in Singapore**: an analysis of the decision of the high court. v. 28, Issue 2, Kluwer Law International, 2012.

7. MAKINWA, Abiola O. Civil remedies for international corruption: the role of international arbitration. *In*: MEYER, Olaf (ed). **The civil law consequences of corruption.** Nomos Verlagsgesellschaft mbH & Co. KG, 2009, p. 279. Tradução livre: "Tal abordagem pode ser possível desenvolvendo uma forma de arbitragem internacional socialmente responsável em que [...] a obrigação primária do árbitro internacional, como agente das partes, seria substituída por uma obrigação para com a sociedade em geral. Acima desse limite, o dever de relatar a incidência e ocorrência de corrupção internacional seria imposto ao árbitro pelo Estado. A justificativa para isso poderia centrar-se na proposição de que, na ausência da concessão de um direito de execução privada, questões envolvendo direitos públicos estão além do escopo do poder delegado para resolver disputas privadas concedidas pelo Estado a árbitros internacionais".

tragem que apoie a suspeita de corrupção, invoque qualquer interesse público ou interesses da justiça, não estando vinculado por qualquer obrigação de confidencialidade. Como exemplos dessas jurisdições que não reconhecem um dever implícito de confidencialidade, é possível citar países como a Suécia e os Estados Unidos.

No caso específico do Brasil, o dever de confidencialidade não está previsto taxativamente na Lei de Arbitragem, porém, integra o regulamento de grande parte das câmaras arbitrais que atuam no país[8] e pode existir em arbitragens que envolvam a Administração em situações excepcionais, como hipóteses legais de sigilo ou segredo de justiça. A quebra da confidencialidade em prol da denúncia deve estar fundada no interesse público ou nos interesses da justiça, ambos diretamente relacionados aos deveres éticos do árbitro. Assim, o dever de denúncia do árbitro brasileiro se sobrepõe ao dever de sigilo, configurando justa causa para a quebra da confidencialidade.

Como será tratado em detalhes a seguir, o dever de denúncia do árbitro brasileiro pode decorrer de imposição legal ou de princípio ético, conexo à primazia do interesse público e dos interesses da justiça, e, em qualquer dos casos, a quebra da confidencialidade é justificável. A denúncia, diversamente da renúncia, que será abordada na seção 4.5, é exigida nas três hipóteses levantadas na seção 1.3 desta pesquisa – (i) ato ilícito é o próprio objeto da arbitragem; (ii) negócio lícito, mas obtido por ato ilícito interno; (iii) negócio lícito, onde houve um ato ilícito externo, dado que configura dever e não mera faculdade.

4.1. SUSPEITA DE ILEGALIDADE *VERSUS* CONHECIMENTO OU OBVIEDADE DA ILEGALIDADE

Antes de adentrar aos detalhes do dever de denúncia, cumpre esclarecer que os deveres do árbitro perante atos de corrupção podem ser afetados pela extensão em que o tribunal arbitral tenha uma "mera" suspeita de que a ilegalidade ocorreu, em oposição a um conhecimento firme baseado na obviedade ou natureza manifesta a respeito[9].

---

8. Corte Internacional de Arbitragem da Câmara de Comércio Internacional (CCI); Lei Modelo da Uncitral; Câmara de Mediação e Arbitragem de São Paulo CIESP/FIESP; Centro de Arbitragem da Câmara de Comércio Brasil-Canadá; Câmara de Arbitragem do Mercado; Câmara de Arbitragem de Minas Gerais.

9. KREINDLER, Richard. **Competence-competence in the face of Illegality in contracts and arbitration agreements**. Hague Academy of International Law, 2013, p. 70.

No caso de mera suspeita, a convicção com que o tribunal decide se está em condições de fazer valer sua jurisdição e proferir uma sentença arbitral pode ser influenciada pelo grau de suspeita envolvida. Quando se baseia principalmente ou unicamente em uma mera alegação de ilegalidade do requerido, o tribunal pode considerar adequado ser um pouco mais rigoroso para concluir que tal ilegalidade existe.

Também existe a possibilidade de ambas as partes negarem que o contrato em disputa seja ilegal. Contudo, essa conduta não torna necessariamente menos convincentes as provas que levaram o tribunal a desenvolver suas suspeitas. A negação mútua pode, na verdade, disparar ainda mais as suspeitas do tribunal, pois corre o risco de representar uma tentativa de resolução do litígio junto à um tribunal privado em circunstâncias em que a justiça comum não aceitaria.

Fato é que seja uma mera suspeita ou um conhecimento firme, o tribunal arbitral tem dever instrutório. Isto é, os árbitros devem analisar com cautela todas as provas apresentadas e, se for o caso, requisitar a produção de novas provas até que estejam convictos da existência de ilegalidade ou não.

Raros são os casos em que as duas partes confessam a ilegalidade e, nesta hipótese, não há ponto controvertido, portanto, os deveres instrutórios do árbitro são muito menos complexos.

Dito isto, os deveres dos árbitros de enfretamento aos atos de corrupção e de denúncia às autoridades públicas somente surgirão nos casos em que o tribunal arbitral tiver firme convicção, baseada em fatos incontroversos ou indícios relevantes, da existência de ilegalidade.

A determinação da ilegalidade e a extração das suas consequências integram a competência e o dever do árbitro e são tarefas de extrema importância, visto que (i) a matéria sob disputa na arbitragem não está sujeita a recurso nos tribunais nacionais; e (ii) um precedente tolerante a práticas criminosas pode encorajar novos casos de corrupção.

Dentro desta mesma perspectiva, Richard Kreindler aduz: "a failure or refusal to address the illegality issue head-on in arbitral proceedings could be seen as a toleration, or indeed perpetuation, of nefarious practices"[10].

---

10. KREINDLER, Richard. **Competence-competence in the face of Illegality in contracts and arbitration agreements.** Hague Academy of International Law, 2013, p. 323. Tradução livre: "Uma falha ou

4.2. DEVER LEGAL DE DENÚNCIA PELO ÁRBITRO

Nesta seção serão tratados (i) o dever legal de denúncia pelo árbitro, dever este decorrente da aplicação, por analogia, da regra prevista no artigo 40 do Código de Processo Penal; (ii) as consequências legais deste dever.

4.2.1. Equiparação do árbitro ao juiz de fato e de direito

O artigo 18[11] da Lei de Arbitragem equipara a atividade do árbitro à do juiz, investindo-o em poder jurisdicional, o que fortalece o seu compromisso com a ética e com os ditames da lei. O artigo 17[12] da mesma lei, por sua vez, é ainda mais importante para o tema, uma vez que equipara, para efeitos da legislação penal, os árbitros aos funcionários públicos, quando no exercício de suas funções ou em razão delas.

Como ensina Carlos Alberto Carmona, "resulta claro desta fórmula verdadeiramente histórica, que o intuito da Lei foi o de ressaltar que a atividade do árbitro é idêntica à do juiz togado, conhecendo o fato e aplicando o direito"[13].

Judith Martins-Costa e Guilherme Nitschke enfatizam:

> ser hoje praticamente consensual – pelo amadurecimento da discussão e por conta da realidade efetivamente vivenciada pelos árbitros em suas relações com as partes – que a arbitragem é contratual em sua origem e jurisdicional em sua função, tendo, portanto "natureza mista"[14].

Com referida equiparação, o legislador visou proteger as partes das condutas previstas no Código Penal que tratam dos crimes contra a Administração Pública, capazes de comprometer a higidez da atuação do julgador, quais sejam: concussão, corrupção (passiva ou ativa) e a prevaricação.

---

recusa em abordar a questão da ilegalidade de frente em procedimentos arbitrais pode ser vista como uma tolerância, ou mesmo perpetuação, de práticas nefastas".

11. BRASIL. Lei n. 9.307/1996. Art. 18. O árbitro é juiz de fato e de direito, e a sentença que proferir não fica sujeita a recurso ou a homologação pelo Poder Judiciário.
12. BRASIL. Lei n. 9.307/1996. Art. 17. Os árbitros, quando no exercício de suas funções ou em razão delas, ficam equiparados aos funcionários públicos, para os efeitos da legislação penal.
13. CARMONA, Carlos Alberto. **Arbitragem e processo**. 3. ed. São Paulo: Atlas, 2009, p. 269.
14. MARTINS-COSTA, Judith; NITSCHKE, Guilherme Carneiro Monteiro. Contratos duradouros lacunosos e poderes do árbitro: questões teóricas e práticas. **Revista Jurídica Luso-Brasileira**. Ano 1, n. 1, 2015, p. 1.270-1.271.

A equiparação dos árbitros aos juízes estatais não é peculiaridade da legislação brasileira, mas um fenômeno comum no direito internacional[15]. A aproximação das figuras do juiz togado e do árbitro deve ser bem compreendida. Para tanto, é preciso esclarecer a intenção do legislador ao empregar tal expressão ("juiz de fato e de direito") no artigo 18. Sobre esse tópico, explica Francisco José Cahali: "O árbitro reconhece os fatos que lhe são apresentados, e aplica o direito. Exerce jurisdição plena quanto à cognição do conflito. E, assim, desempenha suas atribuições tal qual um juiz togado"[16].

A equiparação do árbitro ao juiz de fato e de direito é de extrema relevância para o combate à corrupção, uma vez que a maioria das legislações nacionais dispõe sobre a obrigatoriedade de os juízes estatais reportarem às autoridades públicas indícios de crimes. No Brasil, por exemplo, o Código de Processo Penal estabelece, em seu artigo 40[17] que, na hipótese de os juízes ou tribunais verificarem a existência de crime de ação pública, estes deverão remeter ao Ministério Público as cópias e os documentos necessários ao oferecimento da denúncia.

Apesar do dever de denúncia constar do Código de Processo Penal, o Superior Tribunal de Justiça, no julgamento do Recurso Especial n. 1.360.534/RS, sob relatoria do Ministro Humberto Marins[18], confirmou a aplicação do artigo 40 a processos de natureza cível, bem como a obrigatoriedade do cumprimento desta norma pelos juízes:

> A questão se originou em decisão proferida pela Juíza da 1ª Vara Cível da Comarca de Santa Maria, a qual revogou decisão anterior em que foi determinada a extração de cópias e expedição de ofício ao Órgão Ministerial para instaurar eventual processo penal objetivando a apuração do crime de desobediência [...] Denota-se que o disposto no art. 40 do Código de Processo Penal é obrigação da autoridade judiciária [...] O Estado-Juiz não pode se eximir da obrigação de cumprir o procedimento previsto no art. 40 do Código de Processo Penal, uma vez que a remessa das peças necessárias à aferição de

15. BERGER, Klaus Peter. **Private dispute resolution in international business**: negotiation, mediation, arbitration. 3. ed. Kluwer Law International, 2015, p. 483.
16. CAHALI, Francisco José. **Curso de arbitragem**. 6. ed. São Paulo: RT, 2017, p. 230.
17. BRASIL. Código de Processo Penal (1941). Art. 40. Quando, em autos ou papéis de que conhecerem, os juízes ou tribunais verificarem a existência de crime de ação pública, remeterão ao Ministério Público as cópias e os documentos necessários ao oferecimento da denúncia.
18. VERÇOSA, Fabiane; MONEGALHA, Guilherme. Como deve se comportar o árbitro diante de indícios e provas de corrupção? Algumas impressões. **Revista de Arbitragem e Mediação**, v. 63, 2019, p. 11.

> eventual ocorrência de delito ao Ministério Público ou à autoridade policial é obrigação da autoridade judiciária, não sendo, portanto, ônus do Órgão Ministerial, por se tratar de ato de ofício, imposto pela lei.

No mesmo sentido, o Tribunal Regional Federal da 4ª Região fez constar do acórdão de julgamento do Recurso de Apelação n. 5000160-81.2012.404.7109/RS:

> há uma determinação expressa do legislador aos juízes de que, verificada a existência de crime de ação pública, é imperioso que o Ministério Público competente seja noticiado a respeito. Ou seja, **não cabe ao julgador, discricionariamente, decidir se remeterá ou não cópia ao parquet**. Com efeito, **caso ele entenda haver crime em algum processo, seja qual for o tipo (civil, penal, tributário, previdenciário, etc.), ele DEVE informar o órgão responsável**. Daí surge a questão de que a sua percepção parte de seu livre convencimento. Ou seja, não cabe ao juiz indagar a Corte Recursal, questionar as partes ou promover qualquer outra diligência a fim de perquirir se há crime. Ele deve simplesmente partir de suas próprias convicções. É, em verdade, um ato correicional e não jurisdicional (grifos acrescidos).

Além do dever de denúncia previsto no Código de Processo Penal, outro tipo penal relevante ao tema é a prevaricação, disposta no artigo 319[19] do Código Penal[20]. A omissão do árbitro em reportar suspeita de crime às autoridades por receio de desagradar às partes ou deixar de ser indicado por elas em outro procedimento se enquadra na definição de prevaricação, que é "deixar de praticar, indevidamente, ato de ofício, ou praticá-lo contra disposição expressa de lei, para satisfazer interesse ou sentimento pessoal". Ao optar por não reportar a conduta suspeita da parte, ou mesmo retardar a denúncia, incorre o árbitro no crime de prevaricação.

Assim como o juiz togado, o árbitro, no exercício de suas funções, possui dever não só de reportar o crime, mas dever instrutório perante uma suspeita de corrupção, sob pena de violação à ordem pública. É o que observa Cesar Pereira:

---

19. BRASIL. Código Penal (1940). Art. 319. Retardar ou deixar de praticar, indevidamente, ato de ofício, ou praticá-lo contra disposição expressa de lei, para satisfazer interesse ou sentimento pessoal.
20. VÉRAS, Felipe Sebhastian Caldas. **Arbitragem e corrupção**: um estudo sob a perspectiva do direito brasileiro. Dissertação (Mestrado em Direito). Universidade Federal de Minas Gerais, 2020, p. 41.

> A ordem pública internacional das nações civilizadas impõe o combate à corrupção, assim como reprova condutas fraudulentas com esta relacionadas. A recusa dos árbitros em examinar ou investigar o tema pode comprometer a validade da sentença arbitral e impede sua homologação[21].

O árbitro não está sujeito a todas as regras legais a que o juiz está, no entanto, certas normas, por serem de extrema relevância, como é o dever de denúncia, devem ser aplicadas por analogia. Como pondera José Rogério Cruz e Tucci, o árbitro, assim como o juiz togado, pode muito, mas não pode tudo:

> Ater-se ao ordenamento jurídico eleito pelas partes, vale dizer, às leis, à interpretação dos textos legais ministrada pelos tribunais e aos costumes, é dever inafastável do juiz e do árbitro. Não há se confundir a benfazeja flexibilidade procedimental (e, portanto, formal) do processo arbitral, com a inexcedível aplicação rigorosa da norma legal[22].

O dever de denúncia é um ponto de tamanha expressividade para a legislação nacional que foi incluído no Código de Processo Penal, ou seja, não é uma mera regra institucional, é uma obrigação legal. Seu descumprimento "pode configurar crime ou infração funcional conforme o caso"[23], destaca Guilherme de Souza Nucci.

Ainda na legislação penal, o artigo 66 da Lei n. 3.688/1941 ("Lei das Contravenções Penais") lista como contravenção penal "deixar de comunicar à autoridade competente crime de ação pública, de que teve conhecimento no exercício de função pública, desde que a ação penal não dependa de representação", o qual se aplica aos árbitros, visto que, conforme já mencionado, a Lei de Arbitragem os equipara aos funcionários públicos, quando no exercício de suas funções ou em razão delas.

Mesmo diante de todo o exposto, há quem entenda que o dever de denúncia do juiz togado e do funcionário público não se aplica

---

21. PEREIRA, Cesar. Corrupção e arbitragem: os árbitros diante da alegação ou constatação de práticas ilícitas pelas partes. **Informativo Justen, Pereira, Oliveira e Talamini**, Curitiba, n. 138, 2018. Disponível em: http://www.justen.com.br/informatibo. Acesso em: 10 jul. 2020.
22. TUCCI, José Rogério Cruz e. **Questões polêmicas do processo arbitral**. São Paulo: Quartier Latin, 2019, p. 52.
23. NUCCI, Guilherme de Souza. **Código de Processo Penal comentado**. 19. ed. Rio de Janeiro: Forense, 2020, Comentário 93.

ao árbitro[24] e que, nesta hipótese, levanta-se o dever de denúncia do cidadão comum. O Código Penal, em seu artigo 13, § 2º[25], prevê que a omissão é penalmente relevante quando o omitente, em seu papel de garantidor, devia e podia agir para evitar o resultado. O dever de agir incumbe a quem (i) tenha por lei obrigação de cuidado, proteção ou vigilância; (ii) de outra forma, assumiu a responsabilidade de impedir o resultado; ou (iii) com seu comportamento anterior, criou o risco da ocorrência do resultado.

A respeito do dever de denúncia do árbitro na qualidade de cidadão, Gary Born relembra as obrigações cívicas do árbitro:

> In instances where applicable criminal law (typically of the arbitral seat) could require that the tribunal take further steps, such as reporting particular matters to law enforcement authorities, the arbitrators must do so as a matter of their personal legal and civic obligations[26].

Seja pela equiparação do árbitro ao juiz estatal, seja pelas obrigações cívicas as quais o árbitro está sujeito na qualidade de cidadão, fato é que há dever legal de denúncia de crime às autoridades competentes.

4.2.2. Responsabilidade civil e penal do Árbitro

Como visto anteriormente, o árbitro possui deveres legais, inclusive o de atuar frente a um ato de corrupção. E não faria sentido a existência de um dever sem a respectiva responsabilização na hipótese de descumprimento.

---

24. VIDAL, Marina Coelho Reverendo. **A arbitragem internacional como instrumento no combate à corrupção**. 2020. Dissertação (Mestrado em Direito) – Programa de Estudos Pós-Graduados em Direito, Pontifícia Universidade Católica de São Paulo, São Paulo, 2020, p. 117.

    CONJUR. **Árbitro não deve denunciar corrupção a autoridades, diz advogado dos EUA**. Por Sérgio Rodas. Disponível em: https://www.conjur.com.br/2018-ago-10/arbitro-nao-denunciar-corrupcao-autoridades-advogado. Acesso em: 23 nov. 2020.

25. BRASIL. Código Penal (1940). Artigo 13, § 2º. A omissão é penalmente relevante quando o omitente devia e podia agir para evitar o resultado. O dever de agir incumbe a quem: a) tenha por lei obrigação de cuidado, proteção ou vigilância; b) de outra forma, assumiu a responsabilidade de impedir o resultado; c) com seu comportamento anterior, criou o risco da ocorrência do resultado.

26. BORN, Gary. **International Commercial Arbitration**. 2. ed. Kluwer Law International, 2014, p. 1.962-2.050. Tradução livre: "Nos casos em que a lei criminal aplicável (normalmente do local de sede da arbitragem) exija que o tribunal tome medidas mais profundas, como relatar questões específicas às autoridades responsáveis pela aplicação da lei, os árbitros devem fazê-lo por uma questão de cumprimento de suas obrigações pessoais legais e cívicas".

A natureza da arbitragem - assim como da atividade do árbitro - tem caráter singular, por combinar elementos de cunho contratual com aspectos inerentes à jurisdição que a reveste. Nesse sentido, a responsabilidade do árbitro pode ser analisada sob duas perspectivas: (i) enquanto juiz de fato e de direito; (ii) enquanto prestador de serviço perante as partes.

No Brasil, o texto da Lei de Arbitragem conferiu tratamento expresso à responsabilidade penal do árbitro no exercício de sua jurisdição, mas não o fez com relação à responsabilidade civil. No entanto, é uniforme o entendimento de que o árbitro responde civilmente.

Na seara da responsabilidade civil contratual, a responsabilidade do árbitro é subjetiva, uma vez que não há presunção de culpa ou uma conduta de risco que inclua sua atividade no âmbito da responsabilidade objetiva. Conforme esclarecem Oswaldo Peregrina Rodrigues e Isa Stefano[27], para que haja a responsabilidade subjetiva pelo dano causado é necessário que o agente tenha realizado a conduta com dolo ou culpa.

A obrigação do árbitro é de resultado: proferir sentença nos termos da convenção[28]. Assim, conforme explica Fernanda Lourenço Levy[29], os árbitros respondem somente pelos *errores in procedendo,* e não pelos *errores in judicando*, de modo que a falta de qualidade da sentença não dá azo à indenização.

Pedro Batista Martins separa as obrigações do árbitro entre obrigações de meio e obrigações de resultado, defendendo a responsabilização dos árbitros pelos danos que derem causa por inadimplemento das obrigações de resultado. No que tange às obrigações de meio, o autor aponta que a subjetividade inerente à avaliação da atividade do árbitro dificulta a caracterização da responsabilidade civil: "Já nas obrigações de meio, mais difícil será a imputação de responsabilidade aos árbitros, dada a álea em que se desdobra a atividade do árbitro.

27. RODRIGUES, Oswaldo Peregrina; STEFANO, Isa Gabriela de Almeida. **Teoria geral do direito civil**. 2. ed. São Paulo: Verbatim, 2017, p. 163.
28. RODRIGUES, Oswaldo Peregrina; STEFANO, Isa Gabriela de Almeida. **Teoria geral do direito civil**. 2. ed. São Paulo: Verbatim, 2017, p. 227.
29. LEVY, Fernanda. Da responsabilidade civil dos árbitros e das instituições arbitrais. *In*: (coord.) NERY, Rosa Maria de Andrade; DONNINI, Rogério. **Estudos em homenagem ao Professor Rui Geraldo Camargo Viana**. São Paulo: RT 2009, p. 180.

Notadamente quando o pretendido *error in judicando* disser respeito ao conteúdo da sentença por ele proferida"[30].

Sempre que a obrigação for de meio aplica-se a teoria subjetiva de responsabilidade para investigar se a conduta do devedor, que ocasionou eventual inadimplemento, foi decorrente de culpa, uma vez que é necessário determinar se o obrigado se utilizou ou não de todos os meios possíveis no processo obrigacional.

Proferida a sentença arbitral dentro do prazo, terá o árbitro produzido o resultado pretendido pelas partes, confirmando-se, pois, o adimplemento da obrigação para a qual foi contratado. Não alcançado esse resultado, o árbitro somente estará eximido de responsabilidade, caso comprove não ser o inadimplemento da obrigação culpa sua, mas, sim, devido a fato aleatório.

No que concerne à responsabilidade penal, o objetivo do artigo 17 da Lei de Arbitragem, que equipara o árbitro, no exercício de suas funções ou em razão delas, aos funcionários públicos para efeito da legislação penal, é proteger as partes de crimes contra a Administração Pública, como corrupção (artigo 319 do Código Penal) e assegurar que o árbitro, no exercício de sua função, terá as garantias legais do funcionário público, como, por exemplo, a vedação ao desacato (artigo 331 do Código Penal). Mas não é só: a interpretação extensiva da norma permite deduzir – como fez Alexandre Freitas Câmara – que o árbitro possa ser vítima de delitos que só podem ser cometidos contra funcionários públicos, como é o caso da corrupção ativa[31].

Ao equiparar o árbitro aos funcionários públicos, objetivou o legislador fortalecer a confiabilidade oferecida pelo juízo arbitral, garantindo aos usuários deste meio de solução de controvérsias uma decisão isenta de deturpações e desvios.

Sobre o tema, João Bosco Lee acrescenta: "quando o árbitro comete uma falta grave ou viola condições de conduta, sua responsabilidade pode ser apurada"[32]. Desta forma será imputável ao árbitro responsabilidade subjetiva direta por seus atos dolosos (*criminosos*)

30. MARTINS, Pedro A. Batista. **Apontamentos sobre a lei de arbitragem**. Rio de Janeiro: Forense, 2008, p. 216.

31. CÂMARA, Alexandre Freitas. **Arbitragem** – Lei n. 9.307/1996. Rio de Janeiro: Lumen Juris, 1996, p. 49.

32. LEE, João Bosco. **Arbitragem comercial internacional nos países do Mercosul**. Curitiba: Juruá, 2002, p. 130.

e culposos, ou seja, aqueles atos provenientes de negligência, imprudência e imperícia, que poderiam conter uma recusa, omissão ou retardamento sem justo motivo de providências que deveria tomar de ofício ou a requerimento da parte.

Por fim, apenas a título de comparação entre juiz-Estado e árbitro-instituição arbitral, diz-se que, em regra, inexiste responsabilidade solidária entre o árbitro e a instituição arbitral, justificando-se na falta de dispositivo de lei que indique essa possibilidade e na impossibilidade de presunção da solidariedade, sem prejuízo de as partes estipularem essa responsabilidade solidária em instrumento particular.

Trata-se de situação pouco usual e até mesmo contrária aos regramentos das instituições que preveem em sua maioria a exclusão de responsabilidade das câmaras, as quais só seriam superadas em casos de dolo ou culpa grave, dificilmente verificáveis.

4.3. DEVER ÉTICO DE DENÚNCIA PELO ÁRBITRO

Além do dever legal de denúncia, tratado acima, o árbitro possui um dever ético. A ética *per se* costuma ser considerada uma questão de moralidade pessoal dos indivíduos e é elemento caracterizador da arbitragem, como visto na seção 2.2. A definição do termo "ética" está sujeita a um amplo debate, particularmente no contexto das profissões jurídicas[33].

Para José Renato Nalini, a ética pode ser definida como a ciência do comportamento moral dos homens em sociedade, mostrando às pessoas os princípios e os valores que devem nortear sua existência[34].

Nos idos de 400 a.C., no livro *A República*, Platão já tratava da ética do magistrado:

> Quanto ao juiz, ele efetivamente rege outras almas com sua própria alma. [...] Por conseguinte, um bom juiz não deve ser uma pessoa jovem, mas velha, na vida um tardio conhecedor da natureza da justiça e alguém que haja se cientificado dela não como algo interno em sua própria alma, mas como algo estranho e presente nos outros – alguém que, após muito tempo, reconheceu que a injustiça

33. GILLERS, Stephen. Twenty years of legal ethics: past, present and future. **20 Geo. J. Legal Ethics**, 2007, p.321; 322-323.

34. NALINI, José Renato. **Ética geral e profissional**. 5. ed. São Paulo: RT, 2006, p. 24-25.

> é naturalmente má, não por tê-la experimentado pessoalmente, mas através do conhecimento[35].

A palavra ética deriva do grego *ethos*, que significa modo de ser, costume ou hábito. A etimologia da palavra tem significado muito semelhante ao termo latino *morales*, do qual deriva a palavra moral, que significa "relativo aos costumes". Ambas, moral e ética, estabelecem normas de conduta destinadas a regular os atos humanos.

O comportamento ético possui como propósito atingir o bem, como valor da ação. Esse propósito é diverso do fim almejado pelo direito, que é a justiça. Tanto a ética como o direito regem os comportamentos dos integrantes de determinada sociedade ou de um Estado e retratam o período histórico em que atuam. Direito e ética, portanto, possuem como objeto a conduta humana. No entanto, situam-se em planos diversos, sendo a ética mais abrangente. O comportamento ético, de maneira geral, dirige as relações humanas e é percebido pelo homem comum em seus relacionamentos sociais e em suas atitudes[36].

A ética, apesar de não ter como objetivo a justiça, está totalmente relacionada ao conceito de justiça, pois impõe uma forma de conduta que atenua as práticas injustas. Na visão de Platão[37], os indivíduos praticam a justiça não por considerarem que esta é um bem individual ou por vontade própria, mas por uma obrigação, oriunda de normas legais e éticas. Em diálogo travado entre Sócrates e Polo, fica clara a visão platônica sobre a importância de existirem punições a práticas injustas:

> Sócrates – Não ficou demonstrado que o maior mal é a injustiça e o procedimento injusto?
>
> Polo – É evidente.
>
> Sócrates – E mais: que a maneira de alguém vir a ficar livre desse mal é cumprir a pena combinada?
>
> Polo – Parece que sim.
>
> Sócrates – E que o não cumprimento da pena implica a continuação do mal?

35. PLATÃO. **A República**. Tradução, textos complementares e notas de Edson Bini. 2. ed. São Paulo: Edipro, 2012, p. 152.
36. MAGALHÃES, José Carlos. A ética das partes na arbitragem. **Revista do Advogado**, São Paulo, v. 33, ano XXXIII, n. 119, abr. 2013, p. 54.
37. PLATÃO. **Górgias**. Tradução de Daniel Lopes. São Paulo: Perspectiva, 2011, p. 36.

> Polo - Sim.
>
> Sócrates - Logo, cometer injustiça é o segundo mal em importância; o maior de todos é cometer alguma injustiça e não ser punido[38].

Em todo agrupamento humano, além das normas jurídicas que disciplinam a conduta dos seus integrantes, há também as normas éticas, que condicionam e inspiram comportamentos.

A ética sempre esteve presente na sociedade e integra os estudos dos principais filósofos da história. A doutrina ética do utilitarismo, difundida principalmente nos séculos XVIII e XIX pelos filósofos ingleses John Stuart Mill e Jeremy Bentham, defende que a ação boa ou moralmente correta é aquela que gera resultado de bem-estar para o grupo. Não se valoriza os motivos ensejadores da ação do agente, ainda que bons ou ruins, mas, somente, pelas consequências geradas.

Immanuel Kant, filósofo contemporâneo da teoria do utilitarismo, contrariamente à John Stuart Mill, defende que o julgamento das ações humanas deve se ater aos motivos que a ensejaram e não apenas aos resultados apurados, porque uma ação boa pode não gerar resultados bons, por "fugir" do controle humano, mas nem por isso deixa de refletir postura moral correta do agente que deve ser valorizada e estimulada. Immanuel Kant afirma que o conceito de ética está fundamentado na ideia de que a ação humana deve atender às máximas morais por meio da boa vontade ou por determinação prevista em lei.

Na primeira hipótese, o homem age de acordo com os princípios que regem as leis morais, sem qualquer obrigação; em outros termos, é uma ação sem interesse pessoal ou egoísmo. Na segunda hipótese, o homem, enquanto ser racional, reconhece o que é correto e moralmente bom, condicionando sua vontade à lei imposta. O respeito à lei decorre dessa racionalidade humana de entender o dever de praticar ação moralmente boa, limitando influências externas e inclinações pessoais.

---

38. Górgias é um diálogo de Platão escrito em 380 a.C. Na ocasião, Atenas vivia uma profunda crise econômica e política. Após uma longa guerra contra Esparta (431-404), Atenas perdeu a guerra e o poder que havia adquirido entre os gregos. O regime democrático foi substituído por uma tirania (404-403) por imposição de Esparta. A democracia que é restaurada, em 403, está mais frágil que nunca. A antiga aristocracia culpou os oradores e os democratas por esta perda de poder e passou a exigir um governo forte.

O princípio moral rege a ética kantiana que impõe ao homem o dever de agir de acordo com as leis morais por ele mesmo criadas. O conceito de "bem" varia de uma época para outra, de acordo com o estágio evolutivo da sociedade. Assim, o bem a ser alcançado em um período pode não ter a mesma configuração de períodos anteriores.

O "bem" deve ser o elemento que norteia a conduta do homem dentro do grupo em que vive, conduta essa sujeita a interesses e inclinações pessoais, mas, nem por isso, a afasta do que a sociedade, em determinado momento, elegeu como leis morais.

A fonte das obrigações éticas dos árbitros é em si um tópico complexo, pois há uma série de fontes que se combinam para determinar as obrigações éticas dos árbitros. Em relação à relevância da qualidade ética dos árbitros, Nancy Andrighi relata:

> Ousa-se afirmar que o sucesso e a utilização frequente da arbitragem dependem da qualidade moral, ética e técnica daquele que irá desempenhar o papel de árbitro, pois na lisura de seu comportamento e na seriedade do julgamento que proferir repousam a segurança e a confiança dos cidadãos quanto à eficácia da arbitragem como forma alternativa de solução de conflitos[39].

A ética tem papel fundamental no processo arbitral. Isso porque a arbitragem possui como propósito, além de resolver conflitos, estimular a confiança e o cumprimento das obrigações. Em outros termos, a tutela da confiança norteia o instituto da arbitragem. O exercício da função de árbitro requer atenção especial às normas de conduta e aos deveres a que está sujeito enquanto investido na função de julgador. A ética do árbitro é a ética da arbitragem.

Luiz Olavo Baptista, além de ressaltar a importância dos deveres éticos dos árbitros, traz importante ensinamento sobre as possíveis sanções de infrações éticas, sanções essas originadas do fato de o árbitro exercer uma atividade similar a dos juízes estatais:

> Classificar e ordenar as exigências da ética dirigidas aos árbitros é tarefa difícil. Pierre Tercier, para fazê-lo, distingue na atividade dos árbitros a jurisdicional e a contratual, e acredita ser possível estabelecer uma

39. ANDRIGHI, Nancy. A ética como pilar de segurança da arbitragem. **Revista Dout. Jurisp**. 53. ed. Brasília, 1997, p. 01.

> terceira categoria que seria a dos deveres estritamente éticos. Segundo o professor suíço, essa classificação decorre das sanções advindas da violação de cada um desses tipos de regra. Para esse autor, essas sanções são originadas do fato de o árbitro exercer uma atividade similar a dos juízes estatais [...] a sanção da infração ética é [...] a reação da comunidade e conduta desta face ao infrator, atingindo sua reputação[40].

A primeira e mais evidente fonte de deveres éticos dos árbitros são os códigos de ética das próprias câmaras arbitrais. Como exemplo, é possível citar o código de ética do Centro de Arbitragem da Câmara de Comércio Brasil-Canadá[41]. Apesar de nem todas as instituições arbitrais terem códigos de ética totalmente desenvolvidos, todas têm regras que impõem certas obrigações aos árbitros, mais significativamente, que sejam imparciais e/ou independentes e que divulguem certas informações que podem ser relevantes para essas obrigações.

Além daqueles implementados por instituições de arbitragem, outras organizações também adotaram códigos de ética, como é o caso do Conselho Nacional das Instituições de Mediação e Arbitragem (CONIMA). Na opinião de Francisco José Cahali, este código é uma referência a ser seguida por toda a comunidade brasileira de arbitragem, sendo o teor de suas disposições verdadeiro guia para os procedimentos arbitrais em curso no território nacional[42].

Na mesma linha, a *International Bar Association* (IBA) publicou regras de ética para árbitros internacionais (*IBA Rules of Ethics for International Arbitrators*[43] e *IBA Guidelines on Conflicts of Interest in International Arbitration*[44]).

---

40. BAPTISTA, Luiz Olavo. Ética e arbitragem. *In*: CARMONA, Carlos Alberto; LEMES, Selma Ferreira; MARTINS, Pedro Batista (org.) **20 anos da Lei de Arbitragem**: homenagem a Petrônio R. Muniz. São Paulo: Atlas, 2017, p. 108.

41. "Este Código objetiva orientar o proceder dos árbitros que atuam perante o Centro de Arbitragem e Mediação da Câmara de Comércio Brasil – Canadá ("CAM-CCBC"), desde a fase prévia de indicação, durante o processo arbitral e depois de a sentença arbitral ter sido proferida. As orientações previstas neste Código de Ética, no que couberem, se aplicam a todos os partícipes do processo arbitral. Objetiva, igualmente, servir como norte às Partes e procuradores no trato com o árbitro ou árbitros que integram cada tribunal arbitral". CENTRO DE ARBITRAGEM E MEDIAÇÃO. **Código de Ética**. Aprovado em 1998, com alterações aprovadas em 20 de janeiro de 2016 pelo Presidente do CAM-CCBC, ouvido o Conselho Consultivo. Disponível em: https://ccbc.org.br/cam-ccbc-centro-arbitragem-mediacao/resolucao-de-disputas/arbitragem/codigo-etica. Acesso em: 23 nov. 2020.

42. CAHALI, Francisco José. **Curso de arbitragem**. 6. ed. São Paulo: RT, 2017, p. 176.

43. TRANS-LEX. **Law Research**. Disponível em: https://www.trans-lex.org/701100/_/iba-rules-of-ethics-for-international-arbitrators-1987/. Acesso em: 23 nov. 2020.

44. INTERNATIONAL BAR ASSOCIATION. **IBA guides, rules and other free materials**. Disponível em: https://www.ibanet.org/Publications/publications_IBA_guides_and_free_materials.aspx#Practice.

A Lei de Arbitragem também se preocupou com o padrão ético de conduta dos árbitros brasileiros e, inspirada na experiência estrangeira, estabeleceu princípios deontológicos semelhantes aos da IBA, conforme se verifica no artigo 13, § 6º: "No desempenho da função, o árbitro deverá proceder com imparcialidade, independência, competência, diligência e discrição".

Neste ponto, quanto às fontes de dever ético do árbitro de denunciar a corrupção, vale lembrar os ensinamentos de Hans Kelsen para quem as regras morais, ainda que não sejam fonte de direito por não contarem com os mecanismos da coerção estatal, também são normas que regulam a conduta do homem:

> Ao lado das normas jurídicas, porém, há outras normas que regulam a conduta dos homens entre si, isto é, normas sociais, e a ciência jurídica não é, portanto, a única disciplina dirigida ao conhecimento e à descrição de normas sociais. Essas outras normas sociais podem ser abrangidas sob designação de Moral e a disciplina dirigida ao seu conhecimento e descrição pode ser designada como Ética[45].

Ou seja, também as normas morais, regidas pela ética, geram obrigação, ainda que a punição pelo seu descumprimento possa ser apenas a repulsa social. Parecem ter aplicabilidade inquestionável aqui as formulações de Immanuel Kant a respeito do imperativo categórico:

> Finalmente, há um imperativo que, sem tomar por fundamento como condição qualquer outra intenção a se alcançar por um certo comportamento, comanda imediatamente esse comportamento. Esse imperativo é categórico. Ele não concerne à matéria da ação e ao que deve resultar dela, mas à forma e o princípio do qual ela própria se segue, e o que há de essencialmente bom na mesma consiste na atitude, o resultado podendo ser o que quiser. A este imperativo pode se chamar de imperativo da moralidade[46].

A formulação do imperativo categórico exclui todo e qualquer fim distinto de si. Este fim em si mesmo, pelo fato de não ter como objetivo algo diferente de seu próprio mandamento, é percebido pela

---

Acesso em: 23 nov. 2020.

45. KELSEN, Hans. **Teoria pura do direito.** São Paulo: Martins Fontes, 1991, p. 63.

46. KANT, Immanuel. **Fundamentação da metafísica dos costumes.** Tradução, introdução e notas por Guido de Almeida. Coleção Philosophia. São Paulo: Discurso Editorial: Barcarola, 2009, p. 197.

formulação categórica do imperativo. Também parece estar presente a máxima da universalização proposta por Immanuel Kant para configurar o imperativo como categórico, e não como hipotético, posto que é difícil negar que a denúncia de um ilícito deve valer para todas as pessoas.

Como assinala Fábio Konder Comparato, "o imperativo categórico é incondicional, válido em todos os tempos e em todos os lugares. Ele comanda [...] as máximas ou representações subjetivas do dever, as quais nascem em todas as consciências"[47].

Diante disso, o dever ético do árbitro denunciar a corrupção possui aplicação universal – e não só ao árbitro – e é um imperativo categórico que se impõe como um fim em si mesmo. Nas palavras de Immanuel Kant, o que "há de essencialmente bom" é a atitude de trazer à luz a prática de ato condenado pela sociedade, não importando o resultado. O árbitro simplesmente tem o dever ético porque é o certo a se fazer.

Nesse mesmo sentido, Michael Sandel[48] aponta que o valor moral de uma ação está na intenção com a qual a ação é realizada. O que importa é fazer a coisa certa porque é a coisa certa, e não por algum motivo exterior a ela. Se agirmos por qualquer outro motivo que não seja o dever, como o interesse próprio, por exemplo, nossa ação não terá valor moral.

É inquestionável a existência de diferenças relevantes entre a condição de ser juiz e de ser árbitro, mas também, há múltiplas semelhanças, razão por que se estendem aos árbitros as causas de impedimento e escusas próprias dos juízes. Assim, as normas de conduta dos árbitros devem ser as mesmas aplicáveis aos juízes, evidentemente com as adaptações e ressalvas apropriadas, mas sempre com vistas a impor aos árbitros as mesmas exigências de comportamento a que se sujeitam os magistrados, de modo que inspirem a confiança necessária àqueles que buscam esta forma de solução de conflitos.

Diante de todo o exposto, conclui-se que o árbitro possui obrigações éticas, assim como um juiz estatal, inclusive a de enfrentar atos

---

47. COMPARATO, Fábio Konder. Ética: direto moral e religião no mundo moderno. São Paulo: Companhia das Letras, 2006, p. 296.

48. SANDEL, Michael. **Justiça**: O que é fazer a coisa certa. Tradução de Heloísa Matias e Maria Alice Máximo. 8. ed. Rio de Janeiro: Civilização Brasileira, 2012, p. 43-44.

de corrupção percebidos no curso de processo arbitral. Isso porque se o árbitro optar por ignorar um ato de corrupção permitirá que uma injustiça cometida por uma das partes deixe de ser punida pelo Estado, o que é, na visão de Platão, o maior mal de uma sociedade.

O dever ético de enfrentamento ao ato de corrupção sobrepõe-se a qualquer outro eventual dever procedimental do árbitro, estabelecido em compromisso arbitral, como, por exemplo, o de preservar a confidencialidade do processo arbitral, como já tratado na seção 2.4. A corrupção é a ausência da ética nas ações e comportamentos. O árbitro, a fim de manter o ambiente de confiança e a ética que deve permear o procedimento da arbitragem, não deve mostrar-se omisso a práticas criminosas. É pela via dos comportamentos éticos e das prescrições de natureza ética que a arbitragem manterá seu destaque entre as formas de solução de conflitos mundiais.

O descumprimento de deveres éticos por um árbitro é capaz de destruir a confiança que sustenta o instituto da arbitragem como forma de resolução de conflito.

4.4. CANAIS DE DENÚNCIA

Tratado o dever de denúncia pelo árbitro, em sua faceta legal e faceta ética, faz-se necessário abordar questão prática relacionada à implementação de canal de denúncia próprio para este fim. De fato, mesmo diante da relevância do tema e da cobrança cada vez maior da sociedade civil para que se faça o combate da corrupção em todas as esferas, não se tem notícia da criação em nenhuma jurisdição de canal apropriado para receber e processar as notícias de crime de corrupção que se venha a ter conhecimento no curso da arbitragem.

Um dos motivos da inexistência desse tipo de canal, evidentemente, é a dificuldade na sua criação, que depende do envolvimento de diferentes órgãos da Administração Pública e de entidades civis. Mas esse fato não pode ser uma justificativa válida para se postergar o desenvolvimento de mecanismo com essa característica, visto que é necessário enfrentar os obstáculos burocráticos para sua implementação.

Um "canal oficial de denúncia" necessariamente deve envolver o Ministério Público, de um lado, na qualidade de titular da investigação penal, e as câmaras arbitrais, de outro, como agentes impulsionadores da notícia de fato a ser investigado.

Inegavelmente, muitas seriam as possibilidades para que determinado fato que deva ser investigado chegue ao conhecimento da autoridade competente. Na realidade, elas já existem e estão à disposição de qualquer cidadão. Mas é necessário ter em mente que a questão necessita de um tratamento institucional, uniforme, seguro e eficaz. A própria imagem ética do instituto da arbitragem está relacionada à implementação desse mecanismo de denúncia.

Portanto, quanto mais institucionalizado e padronizado for o mecanismo, maior a percepção de sua seriedade e maior será o engajamento dos partícipes na sua eficácia.

Uma possível forma de implementação é por meio da assinatura de acordo de cooperação entre as principais câmaras arbitrais brasileiras e o Ministério Público a fim de facilitar e estimular a comunicação entre árbitros e promotores.

Conforme observa Emerson Garcia, são três os tipos de parcerias voluntárias passíveis de serem celebradas pelo Ministério Público: termo de colaboração, termo de fomento e acordo de cooperação. Os dois primeiros são caracterizados pela transferência de recursos públicos, o que é vedado no terceiro. O acordo de cooperação muito se assemelha aos antigos convênios[49].

Um exemplo recente de acordo de cooperação de sucesso, que pode servir de base para o ora proposto, foi firmado em 2018 entre o Conselho Nacional do Ministério Público (CNMP) e o Tribunal de Contas da União (TCU)[50]. O objeto do acordo é a troca de informações, por meio de intercâmbio de tecnologias, conhecimentos, e acesso recíproco a bases de dados. Com isso, ramos e unidades do Ministério Público que adiram ao acordo poderão obter informações que podem ser utilizadas nas atividades de sua competência. Já o TCU receberá informações do Ministério Público que contenham dados de

---

49. GARCIA, Emerson. **Ministério Público**: organização, atribuições e regime jurídico. 6. ed. São Paulo: Saraiva, 2017, p. 590.

50. BRASIL. Tribunal de Contas da União. **Acordo de Cooperação Técnica**. Disponível em: https://www.cnmp.mp.br/portal/images/Termosdecooperacao/TCU/Acordo_de_Coopera%C3%A7%C3%A3o_CNMP-TCU_LabContas.pdf. Acesso em: 23 nov. 2020.

interesse fiscalizatório sobre a prática de improbidade administrativa e que serão utilizadas em ações de controle e de combate à corrupção.

Referido acordo de cooperação tem como objetivo dar maior eficiência e efetividade à gestão pública, fortalecendo a atuação coordenada de combate à corrupção.

Diante deste exemplo concreto, é possível crer que algo nos mesmos moldes possa acontecer em relação ao tema ora tratado. Um acordo de cooperação assinado entre o Conselho Nacional do Ministério Público (CNMP) e uma ou várias câmaras arbitrais e que depois venha a receber a adesão de outros ramos e unidades do próprio Ministério Público e de outras câmaras arbitrais.

Essa seria uma forma de incentivar as câmaras a inserirem em seus regulamentos internos a obrigação dos árbitros de denunciarem crimes de ação penal pública que eventualmente tenham conhecimento ao conduzirem um processo arbitral.

Como dito, o acordo de cooperação poderia funcionar por adesão, cabendo à cada câmara arbitral a decisão de se vincular ou não. O interesse das câmaras surgiria da pressão social para os envolvidos no meio arbitral atuarem frente aos atos de corrupção e não serem coniventes com a prática deste crime. Além disso, este acordo de cooperação tornar-se-ia um atrativo para empresas com rígidas políticas de *compliance* aderirem à arbitragem e se sentirem confortáveis em submeter suas disputas a este meio de resolução de conflitos, o qual estaria plenamente de acordo com as políticas anticorrupção mundiais.

Esta é uma forma de modernizar a arbitragem, adequando o instituto à realidade ética das democracias modernas e aos anseios cada vez mais claros e fortes da sociedade na busca de transparência na administração da coisa pública e de combate à corrupção.

4.5. POSSIBILIDADE DE RENÚNCIA DO ÁRBITRO AO VERIFICAR A EXISTÊNCIA DE ATOS ILÍCITOS PRÉVIOS

Por fim, necessário destacar que, além do dever de denúncia, o árbitro possui uma faculdade, que é a renúncia da sua função. É importante ter em mente as limitações éticas ao comportamento dos árbitros, a fim de que se possa determinar quando um árbitro pode/deve desqualificar-se ou recursar-se a participar de um processo arbitral, como também apresentar uma moção de recusa.

A dimensão da ética na arbitragem vai além do disposto nas normas legais, de forma que os parâmetros para a atuação dos árbitros não se esgotam nas hipóteses de impedimento e suspeição previstos na Lei de Arbitragem[51]. São diversos e muito mais amplos. Como princípios éticos, é possível destacar: integridade e justiça do processo; revelação de prevenções ou de conflito de interesse; vedação de comunicação imprópria com as partes; independência e neutralidade do árbitro; tomada de decisões justas e independentes e dever de discrição.

Nesse sentido, José Emilio Nunes Pinto destaca dois desses princípios, os quais julga essenciais para a condução de um processo arbitral de forma ética:

> Dois conceitos são muitas vezes confundidos e utilizados, na prática, de forma intercambiável. Referimo-nos à independência do árbitro e à neutralidade deste. Estamos diante de uma situação onde não cabe avaliar qual dos dois seja o mais importante. São princípios que caminham lado a lado e interagem. Um deles – a independência – é atributo do árbitro escolhido e diz respeito aos impedimentos para atuar como tal. O outro – o da neutralidade ou imparcialidade – é princípio basilar do procedimento e que se comunica ao árbitro e é diretriz para seu comportamento e conduta durante todo o procedimento[52].

Dessa forma, o árbitro só pode exercer suas funções enquanto mantiver a confiança das partes em relação a sua neutralidade, o que pressupõe imparcialidade, independência e transparência, conforme explorado na seção 2.3 desta dissertação. Se vier a ocorrer qualquer fato grave, externo ou interno, no curso da arbitragem, que possa afetar ou comprometer a neutralidade ou a postura ética exigida e esperada do árbitro, cabe a este informá-lo imediatamente, renunciando ao mandato.

Da mesma forma, se o árbitro perceber que o processo arbitral está sendo utilizado para fins de crime ou que a prática de algum ilícito se

51. BRASIL. Lei Federal n. 9.307/1996, Art. 14. Estão impedidos de funcionar como árbitros as pessoas que tenham, com as partes ou com o litígio que lhes for submetido, algumas das relações que caracterizam os casos de impedimento ou suspeição de juízes, aplicando-se-lhes, no que couber, os mesmos deveres e responsabilidades, conforme previsto no Código de Processo Civil.

52. PINTO, José Emilio Nunes. A importância da ética na arbitragem. *In*: **Âmbito Jurídico 2003**. Disponível em: http://www.ambito-juridico.com.br/site/index.php?n_link=revista_artigos_leitura&artigo_id=3859. Acesso em: 15 maio 2020.

revele no curso da arbitragem, surge a questão relativa à necessidade de comunicação do fato e a possibilidade de renunciar ao mandato.

Para análise da possibilidade de renunciar ao seu ofício, deve-se ter em mente as três hipóteses propostas na seção 1.3, quais sejam: (i) o objeto da disputa arbitral é por si só um ato ilícito, p.ex., contrato de aposta em jogo ilegal ou a cobrança de remuneração para executar algum crime; (ii) cumprimento de contrato que se revela obtido mediante ilícito, p.ex., cobrança do preço de obra efetivamente realizada por empreiteira para empresa estatal, mas cujo contrato foi obtido por meio de propina; (iii) execução de acordo lícito mas que tenha sido afetado por algum ilícito externo; p.ex., cobrança de honorários advocatícios por êxito em que se descubra que o cliente, com ou sem o conhecimento do advogado, corrompeu o juiz; ou cobrança de comissão de corretagem de contrato firmado mediante pagamento de propina, com ou sem participação do intermediário.

Primeiramente, em razão do seu dever de diligência, o árbitro precisa apurar com presteza se a finalidade do processo arbitral está sendo realmente desviada para violar a lei. Isso porque não pode, por omissão, deixar de cumprir sua obrigação de julgar a questão posta à apreciação, salvo se o motivo for de força maior ou de natureza moral e ética.

Na hipótese um, afigura-se que sequer se trata aqui de possibilidade ou não de renúncia. Naquela situação, falta ao tribunal arbitral a competência para resolver o conflito, devendo o procedimento sequer ser iniciado, quando verificado de imediato a ilicitude do negócio submetido a exame, ou extinto, caso essa verificação ocorra posteriormente.

Já nas hipóteses dois e três, a renúncia está atrelada a princípio maiores que afetam o próprio árbitro e as condições mediante as quais se verificou a sua aceitação para assumir o ofício arbitral no caso específico.

Lalive Poudret Reimond[53] ressalta que o árbitro que aceitou a missão de julgar determinado caso concreto tem o dever, em princípio, de conduzir o procedimento até o final, salvo se por um justo

53. REYMOND, Lalive Poudret. **Le droit de l'arbitrage interne e international en Suisse**. Disponível em: www.helbing.ch/.../Le-droit-de-larbitrage-interne-et-international. Acesso em: 22 nov. 2020, p. 332.

motivo renunciar às suas funções. Mas é muito importante ressaltar que essa aceitação ocorreu diante de determinadas premissas que podem se mostrar falsas posteriormente, ou mesmo por algum fato que somente se revelou *a posteriori* e não pode ser considerado pelo árbitro no momento de formação da sua convicção para assumir o cargo de julgador.

Assim, caso um ato ilícito venha à tona posteriormente à assunção da posição de árbitro, após a devida apuração, o árbitro tem a faculdade de renunciar se o negócio em discussão for lícito, mas obtido por ato ilícito (hipóteses dois e três tratadas no item anterior). Esta conclusão advém do fato de que se soubesse previamente da existência de circunstância que somente se revelou posteriormente, o árbitro poderia ter tomado decisão diferente e não teria assumido sua posição de julgador.

O ato ilícito, nesses casos, é ponto relevante na discussão desenvolvida na arbitragem e seria um justo motivo para renúncia a verificação pelo árbitro do desvio de finalidade da utilização da arbitragem para fins ilícitos. Neste caso, a própria reputação do árbitro estaria comprometida se, ao final, fosse divulgado que determinado processo arbitral fora utilizado para finalidades escusas, com a parcimônia do julgador, que evidentemente contrariou aos princípios éticos que deve reger a sua conduta.

Assim, se um árbitro detectar em processo arbitral a existência de ato ilícito, como por exemplo corrupção, de que ambas as partes tenham conhecimento, poderá renunciar tendo em vista seu dever maior de ética e de preservação dos princípios da moralidade, como também para evitar tornar-se cúmplice da prática. Entende-se ser este um poder atrelado a motivos pessoais do árbitro decorrentes das mesmas ponderações iniciais para aceitação de ser parte integrante do tribunal arbitral. Ou seja, se tivesse sabido antes, poderia não ter aceito a função. Sabendo depois, pode dela renunciar pelos mesmos princípios.

Nesse sentido, Gary Born pondera:

> In some cases, arbitrators may conclude that an arbitration is being conducted for an illegitimate purpose (e.g., to facilitate a money laundering scheme). In these instances, arbitrators have an obligation to ascertain whether or not this is true and, if so, to take appropriate

> steps, including resigning their mandate or dismissing the arbitration sua sponte (of course, after hearing the parties)[54].

A renúncia não é a melhor resposta para todo e qualquer caso envolvendo corrupção, trata-se de uma faculdade do árbitro[55] em hipóteses envolvendo a incapacidade do árbitro de garantir imparcialidade às partes ou a incapacidade de exercer a função de árbitro.

Na avaliação da sua faculdade de renúncia, o árbitro deverá ponderar se o ato ilícito que coloca em dúvida sua disposição de continuidade do ofício era de conhecimento de ambas as partes. Havendo uma parte inocente, espera-se que o árbitro pondere se o exercício da sua faculdade de renúncia não trará um agravamento da posição daquele que busca recompor seu direito, sem ter contribuído para o ilícito verificado.

Além disso, o árbitro deve considerar o estágio avançado do procedimento, a clareza dos indícios de corrupção e as circunstâncias particulares do caso. Tudo isso para evitar que a renúncia seja vista como ferramenta que auxilia e encoraja a prática de ato ilegal.

A suspeita da prática, ou mesmo a confissão de corrupção, verificada em contrato em disputa em processo arbitral, não implica a renúncia automática do árbitro, visto que se trata de uma mera faculdade, que pode ou não ser exercida, atrelada a princípio maiores que o afetam e às condições mediante as quais se verificou a sua aceitação para assumir o ofício arbitral.

O árbitro possui o dever de proferir uma sentença arbitral exequível, afinal, para isso foi contratado. Portanto, se entender que as premissas consideradas no momento de aceitação do seu encargo não foram alteradas mediante o surgimento de ato de corrupção e que está em plenas condições de cumprir a sua função, o árbitro deve conduzir o processo arbitral até o final e proferir sentença que enfrente a alegação de corrupção.

---

54. BORN, Gary. **International Commercial Arbitration**. 2. ed. Kluwer Law International, 2014, p. 1.962-2.050. Tradução livre: "Em alguns casos, os árbitros podem concluir que uma arbitragem está sendo conduzida para uma finalidade ilegítima (por exemplo, para facilitar um esquema de lavagem de dinheiro). Nesses casos, os árbitros têm a obrigação de verificar se isso é verdade ou não e, se for o caso, tomar as medidas adequadas, incluindo renunciar ao seu mandato ou indeferir a arbitragem sua sponte (é claro, após ouvir as partes)".

55. BAIZEAU, Domitille; HAYES, Tessa. The arbitral tribunal's duty and power to address corruption sua sponte. *In*: MENAKER, Andrea (ed.). **International arbitration and the rule of law**: contribution and conformity, ICCA Congress Series, v. 19, Kluwer Law International, 2017, p. 225-265.

CONCLUSÃO

É incontroverso o entendimento adotado pelos tribunais arbitrais de que a alegação de corrupção pode ser objeto de análise de processo arbitral, ou seja, que o tribunal arbitral tem jurisdição para analisar disputas decorrentes de contrato envolvendo suposta corrupção.

Este entendimento está embasado em dois princípios arbitrais relevantes, ambos recepcionados pela Lei de Arbitragem: (i) princípio da autonomia da cláusula compromissória, o qual prevê que eventual declaração de nulidade do contrato em que o compromisso está inserido não implica, necessariamente, a invalidade da convenção arbitral; (ii) princípio da competência-competência, que permite ao árbitro decidir se possui ou não jurisdição sobre a matéria em disputa.

Contudo, a verificação de atos de corrupção em contrato discutido em sede de processo arbitral ainda é muito complexa, visto que as evidências do crime surgidas ao longo do processo afetam a disputa como um todo e trazem questionamentos diversos acerca do ônus de provar alegações de corrupção, da lei aplicável aos atos de corrupção, das consequências legais da prática de corrupção ou, ainda, do dever do árbitro de denunciar suspeita de corrupção às autoridades competentes. Além disso, o fato de que em muitos casos a decisão do tribunal arbitral é definitiva e as partes prejudicadas não terão a chance de obter uma revisão da sentença perante os tribunais nacionais, torna a situação ainda mais complicada.

Dito isto, a responsabilidade pela justa e efetiva resolução de questões envolvendo corrupção na arbitragem não pode depender, única e exclusivamente, do tribunal. As partes possuem um papel tão importante quanto o dos árbitros para garantir que o tribunal seja devidamente informado sobre estas questões e que todas e quaisquer provas existentes de prática de corrupção sejam apresentadas. Ao analisar as provas submetidas, o tribunal deve tomar especial cautela para evitar que suas conclusões sejam inconscientemente afetadas por rumores ou insinuações. As partes, através da qualidade das suas alegações, poderão auxiliar na resolução deste problema.

O rigor da prova exigido em processo arbitral envolvendo alegações de corrupção deve manter-se alto. Contudo, considerando a dificuldade de provar esse tipo de alegação, os árbitros devem encontrar uma forma de equilíbrio entre o padrão de provas exigido e a viabilidade de produção dessas evidências para que o rigor da norma não se torne um obstáculo ao próprio direito. A flexibilização do rigor da prova se torna viável a partir do uso de mecanismos alternativos de produção de provas, como é o caso da denominada "balança de probabilidades" e do sistema de *red flags*.

A confidencialidade das alegações e das provas apresentadas na arbitragem pode ser quebrada em benefício da divulgação do ato ilícito à autoridade competente, desde que a denúncia seja fundada em disposição legal, interesse público ou pelos interesses da justiça. Isso porque a confidencialidade não é absoluta, sendo cabível a flexibilização desta cláusula em casos que possam estar em conflito com regras e princípios hierarquicamente superiores.

Por fim, conclui-se que o árbitro tem o poder de renunciar caso verifique a ocorrência de ato ilícito que contamine a questão submetida à arbitragem e que venha a ser revelada posteriormente à sua aceitação da função arbitral. No entanto, deve fazer uso responsável deste poder a fim de evitar que a renúncia seja vista como ferramenta que auxilia e encoraja a prática de ato ilegal. Quanto à hipótese de o árbitro comunicar ao Ministério Público se tiver evidências da ocorrência de ilícito penal – como ocorrência de corrupção – que macule o negócio jurídico em apreciação no processo arbitral, depreende-se que o tribunal arbitral possui o dever legal e ético de informar às autoridades sobre os indícios apresentados durante a arbitragem.

O crescente número de casos de corrupção ao redor do mundo é indício de que os árbitros continuarão a lidar com alegações dessa natureza por muito tempo; diante disso, já é possível perceber uma evolução no tratamento da questão ao longo dos últimos anos, ainda que tímida. O dever de denúncia dos árbitros, que antes era tido como inimaginável, seja pela confidencialidade do procedimento, seja pelo entendimento de que os árbitros estão à serviço das partes, e não da justiça, hoje já é visto com outros olhos.

A ética desempenha papel fundamental no combate à corrupção e, muitas vezes, atua sozinha na ausência de dispositivo legal expresso que regule o dever de denúncia. A imagem ética do instituto da arbitragem está relacionada à implementação de mecanismo de denúncia, de maneira que quanto mais institucionalizado e padronizado, maior a percepção de sua seriedade e maior será o engajamento dos partícipes na sua eficácia.

O dever legal de denúncia pelo árbitro existe na legislação brasileira, no entanto, decorre de interpretação analógica. À medida que o tema ganha destaque na comunidade jurídica, espera-se que em algum momento a Lei de Arbitragem possua previsão específica sobre o dever de denúncia. Deixar de incentivar, por meio de mecanismos concretos, os árbitros de reportarem atividades criminosas às autoridades públicas competentes, pode em alguma medida permitir que partes corruptas utilizem indevidamente a arbitragem como uma ferramenta apta a validar suas ações ilícitas.

Embora a confidencialidade do processo arbitral deva proteger os legítimos interesses das partes, esta não deve ser explorada para servir a objetivos ilegítimos das partes. Os árbitros devem ser encorajados a enfrentarem a corrupção e não devem gozar de qualquer privilégio que os próprios juízes nacionais não gozem, uma vez que as funções desempenhadas por juízes e árbitros são equiparáveis, e estes também devem obedecer a elevados padrões de moralidade e de justiça. Se os tribunais nacionais são obrigados a reportar atos de corrupção e relatar crimes de ação pública perante as autoridades públicas, o mesmo deve acontecer com os árbitros e tribunais arbitrais.

Como diria o ilustre escritor Franz Kafka, "comece com o que é certo e não com o que é aceitável"[1]. Os árbitros não devem hesitar em adotar um papel proativo na luta contra a corrupção.

1. Franz Kafka (3 de julho de 1883 – 3 de junho de 1924).

REFERÊNCIAS

ANDRIGHI, Nancy. A ética como pilar de segurança da arbitragem. **Revista Dout. Jurisp**. 53. ed. Brasília, 1997.

ARISTÓTELES. **Ética a Nicômaco**. São Paulo: Nova Cultural, 1996.

ARMESTO, Juan Fernández. Chapter 11: The effects of a positive finding of corruption. *In*: BAIZEAU, Domitille; KREINDLER, Richard H. (eds.). Addressing issues of corruption in commercial and investment arbitration. **Dossiers of the ICC Institute of World Business Law**. v. 13. Kluwer Law International; International Chamber of Commerce (ICC), 2015.

AZEVEDO, Antônio Junqueira de. **Negócio jurídico**: existência, validade e eficácia. 4. ed. São Paulo: Saraiva, 2010.

BAIZEAU, Domitille; HAYES, Tessa. The arbitral tribunal's duty and power to address corruption sua sponte. *In*: MENAKER, Andrea (ed.). **International arbitration and the rule of law**: contribution and conformity, ICCA Congress Series, v. 19, Kluwer Law International, 2017.

BANIFATEMI, Yas. Chapter 1: The impact of corruption on "gateway issues" of arbitrability, jurisdiction, admissibility and procedural issues. *In*: BAIZEAU, Domitille; KREINDLER, Richard H. (eds.). Addressing issues of corruption in commercial and investment arbitration. **Dossiers of the ICC Institute of World Business Law**. v. 13. Kluwer Law International; International Chamber of Commerce (ICC), 2015.

BANIFATEMI, Yas. Adressing issues of corruption in commercial and investment arbitration. **ICC Dossiers**, v. 13, 2015.

BAPTISTA, Luiz Olavo. **Arbitragem comercial e internacional**. São Paulo: Lex, 2011.

BAPTISTA, Luiz Olavo. Ética e arbitragem. *In*: CARMONA, Carlos Alberto; LEMES, Selma Ferreira; MARTINS, Pedro Batista (org.) **20 anos da Lei de Arbitragem**: homenagem a Petrônio R. Muniz. São Paulo: Atlas, 2017.

BERGER, Klaus Peter. **Private dispute resolution in international business**: negotiation, mediation, arbitration. 3. ed. Kluwer Law International, 2015.

BERMANN, George A.; MISTELIS, Loukas. **Mandatory rules in international arbitration**. New York: JurisNet, 2011.

BERMANN, George A. **International arbitration and private international law**. The Hague Academy of International Law, 2017.

BETZ, Kathrin. **Proving bribery, fraud and money laundering in international arbitration**: on applicable criminal law and evidence. Cambridge: Cambridge University Press, 2017.

BITENCOURT, Cezar Roberto. **Código Penal comentado**. 6. ed. São Paulo: Saraiva, 2010.

BITENCOURT, Cezar Roberto. **Tratado de direito penal** - parte especial: dos crimes contra a administração pública e dos crimes praticados por prefeitos. 9. ed. São Paulo: Saraiva, 2015.

BLACKABY, Nigel; PARTASIDES, Constantine; REDFERN, Alan; HUNTER, Martin. **Redfern and hunter on international arbitration**. 5. ed. Oxford, United Kingdom: Oxford University Press, 2009.

BÖCKSTIEGEL, Karl-Heinz. Presenting evidence in international arbitration. **ICSID Review**, v. 16, n. 1, p. 1- 9, 2001.

BONELL, Michael Joachim; MEYER, Olaf. **The impact of corruption on international commercial contracts**. Heidelberg: Springer, 2015.

BONIFASSI, Stéphane; FEDOROVA, Elena. **Why arbitrators need to confront corruption allegations.** Global Arbitration Review, 2020.

BORN, Gary. **International commercial arbitration**. Alphen aan den Rijn. The Netherlands: Wolters Kluwer Law & Business, 2009.

BORN, Gary. **International arbitration**: law and practice. Kluwer Law International, 2012.

BORN, Gary. **International Commercial Arbitration**. 2. ed. Kluwer Law International, 2014.

BRASIL. Decreto-lei n. 2.848, de 7 de dezembro de 1940. **Código Penal**. Diário Oficial da União, Brasília, 31 de dezembro de 1940.

BRASIL. Decreto-lei n. 3.689, de 3 de outubro de 1941. **Código de Processo Penal**. Diário Oficial da União, Brasília, 13 de outubro de 1941.

BRASIL. Constituição Federal (1988). **Constituição da República Federativa do Brasil**. Brasília: Senado, 1988.

BRASIL. Lei n. 8.429, de 2 de junho de 1992. **Lei de Improbidade Administrativa.** Diário Oficial da União, Brasília, 3 de junho de 1992.

BRASIL. Lei n. 8.666, de 21 de junho de 1993. **Lei de Licitações**. Diário Oficial da União, Brasília, 22 de junho de 1993.

BRASIL. Lei n. 9.307, de 23 de setembro de 1996. **Lei de Arbitragem**. Diário Oficial da União, Brasília, 24 de setembro de 1996.

BRASIL. Lei n. 10.406 de 10 de janeiro de 2002. **Código Civil**. Diário Oficial da União, Brasília, 11 de janeiro de 2002.

BRASIL. Lei n. 12.846, de 1º de agosto de 2013. **Lei Anticorrupção**. Diário Oficial da União, Brasília, 2 de agosto de 2013.

BRASIL. Lei n. 13.105, de 16 de março de 2015. **Código de Processo Civil.** Diário Oficial da União, Brasília, 17 de março de 2015.

BRASIL. Lei n. 9.307, de 23 de setembro de 1996. **Dispõe sobre a arbitragem**. Brasília: 1996. Disponível em: http://www.planalto.gov.br/ccivil_03/leis/L9307.htm. Acesso em: 11 abr. 2017.

BRASIL. Tribunal de Contas da União. **Acordo de Cooperação Técnica**. Disponível em: https://www.cnmp.mp.br/portal/images/Termosdecooperacao/TCU/Acordo_de_Coopera%C3%A7%C3%A3o_CNMP-TCU_LabContas.pdf. Acesso em: 23 nov. 2020.

BRASIL. Ministério Público Federal. **Caso Lava Jato**. Disponível em: http://www.mpf.mp.br/grandes-casos/lava-jato/entenda-o-caso. Acesso em: 26 nov. 2020.

CAHALI, Francisco José. **Curso de arbitragem**. 6. ed. São Paulo: RT, 2017.

CÂMARA, Alexandre Freitas. **Arbitragem** – Lei n. 9.307/1996. Rio de Janeiro: Lumen Juris, 1996.

CARMONA, Carlos Alberto. **Arbitragem e processo**. 3. ed. São Paulo: Atlas, 2009.

CENTRO DE ARBITRAGEM E MEDIAÇÃO. **Código de Ética**. Aprovado em 1998, com alterações aprovadas em 20 de janeiro de 2016 pelo Presidente do CAM-CCBC, ouvido o Conselho Consultivo. Disponível em: https://ccbc.org.br/cam-ccbc-centro-arbitragem-mediacao/resolucao-de-disputas/arbitragem/codigo-etica. Acesso em: 23 nov. 2020.

CHAIKIN, David. **Commercial corruption and money laundering**: a preliminary analysis. v. 15, n. 3, 2008.

COMPARATO, Fábio Konder. **Ética: direto moral e religião no mundo moderno**. São Paulo: Companhia das Letras, 2006.

COMPETENCE CENTRE ARBITRATION AND CRIME. **Corruption and money laundering in international arbitration a toolkit for arbitrators**. Disponível em: https://baselgovernance.org/. Acesso em: 22 nov. 2020.

CONJUR. **Árbitro não deve denunciar corrupção a autoridades, diz advogado dos EUA**. Por Sérgio Rodas. Disponível em: https://www.conjur.com.br/2018-ago-10/arbitro-nao-denunciar-corrupcao-autoridades-advogado. Acesso em: 23 nov. 2020.

COOLEY, John W; LUBET, Steven. **Advocacia de arbitragem**. Brasília: Universidade de Brasília, 2001.

COSTA E SILVA, Paula. **Corrupção, ordem pública e decisão arbitral**: a propósito do caso Alstom. Lisboa: Almedina, 2019.

COSTA JR., Paulo José da. **Comentários ao Código Penal**. São Paulo: Saraiva, 1996.

CREMADES, Bernardo M.; CAIRNS, David J. A. Transnational public policy in international arbitral decision making: the cases of bribery, money laundering and fraud. *In*: BERKELEY, Andrew; KARSTEN, Kristine (eds.). Arbitration: money, laundering, corruption and fraud. **Dossiers of the ICC Institute of World Business Law**, v. 1. Kluwer Law international, 2003.

CRIVELLARO, Antonio. Arbitration case law on bribery: issues of arbitrability, contract validity, merits and evidence. *In*: BERKELEY, Andrew; KARSTEN, Kristine (eds.). Arbitration: money, laundering, corruption and fraud.

Dossiers of the ICC Institute of World Business Law, v. 1. Kluwer Law international, 2003.

DELMANTO, Celso. **Código Penal comentado**. 9. ed. São Paulo: Saraiva, 2016.

DI PIETRO, Maria Sylvia Zanella. **Direito administrativo**. 8. ed. São Paulo: Atlas, 1997.

DINIZ, Maria Helena. **Curso de direito civil brasileiro**: teoria geral das obrigações contratuais e extracontratuais. v. 3. 31. ed. São Paulo: Saraiva, 2015.

FICHTNER, José Antônio; MANNHEIMER, Sergio Nelson; MONTEIRO, André Luís. A confidencialidade na arbitragem: regra geral e exceções. **Revista de Direito Privado**, v. 49, p. 227-285, 2012.

FOUCHARD, Phillippe. Sugestões para aumentar a eficácia internacional das sentenças arbitrais. *In*: (coord.) WALD, Arnold. **Revista de Direito Bancário, do Mercado de Capitais e da Arbitragem**, São Paulo, ano 3, RT, 2000.

FOUCHARD, Philippe; GAILLARD, Emmanuel; GOLDMAN, Berthold. **International commercial arbitration**. The Hague: Kluwer Law International, 1999.

FRAGOSO, Cláudio Heleno. **Lições de direito penal** – parte especial. 4. ed. Rio de Janeiro: Forense, 1984.

FRANCO, Alberto Silva; STOCO, Rui. **Código Penal e sua interpretação**: doutrina e jurisprudência. 8. ed. São Paulo, 2007.

FRANCO, Isabel. Os caminhos do *compliance* no Brasil: lições a partir da aplicação da FCPA. *In*: CUNHA FILHO, Alexandre J. Carneiro; ARAÚJO, Glaucio Roberto Brittes. **48 visões sobre corrupção**. São Paulo: Quartier Latin do Brasil, 2016.

GABARDO, Emerson; CASTELLA, Gabriel Morettini. A nova lei anticorrupção e a importância do *compliance* para as empresas que se relacionam com a Administração Pública. **A&C – Revista de Dir. Administrativo & Constitucional**, Belo Horizonte, n. 60, 2015.

GAILLARD, Emmanuel. **The emergence of transnational responses to corruption in international arbitration**. Oxford University Press, Arbitration International, 2019.

GARCIA, Emerson. **Ministério Público**: organização, atribuições e regime jurídico. 6. ed. São Paulo: Saraiva, 2017.

GILLERS, Stephen. Twenty years of legal ethics: past, present and future. **20 Geo.J. Legal Ethics**, p. 321; 322-323, 2007.

GIUSTI, Gilberto. A arbitragem e as partes na arbitragem internacional. **Revista de Arbitragem e Mediação**, São Paulo, ano 03, n. 09, p. 121-122, abr.-jun. 2006.

GONÇALVES, Carlos Roberto. **Direito civil**: parte geral. 19. ed. São Paulo: Saraiva, 2012.

GRION, Renato Stephan. Procedimento II. *In*: (coord.) LEVY, Daniel; PEREIRA, Guilherme Setoguti J. Pereira. **Curso de arbitragem**. São Paulo: RT, 2018.

HAUGENEDER, Florian; LIEBSCHER, Christoph. Corruption and investment arbitration: substantive standards and proof in Christian Klausegger. *In*: KLEIN, Peter *et al.* (eds.). **Austrian Arbitration Yearbook**. Stämpfli & Manz, 2009.

HOUAISS, Antônio; VILLAR, Mauro de Salles. **Dicionário Houaiss da Língua Portuguesa**. São Paulo: Objetivo, 2009.

HWANG, Michael; LIM, Kevin. Corruption in arbitration: law and reality.1 Asian International Arbitration Journal, v. 8, p.1-119, 2012. Artigo decorrente de palestra proferida no Herbert Smith-SMU Asian Arbitration Lecture, em 2011 (Singapura).

HWANG, Michael; THIO, Nicholas. **A contextual approach to the obligation of confidentiality in arbitration in Singapore**: an analysis of the decision of the high court. v. 28, Kluwer Law International, 2012.

ICC. Award n. 1110, 47. Yearbook Commercial Arbitration, 1996.

ICC. **International Chamber of Commerce**. Disponível em: https://iccwbo.org/leadership/#leadershipadr. Acesso em: 22 nov. 2020.

INTERNATIONAL BAR ASSOCIATION. **IBA guides, rules and other free materials.** Disponível em: https://www.ibanet.org/Publications/publications_IBA_guides_and_free_materials.aspx#Practice. Acesso em: 23 nov. 2020.

JESUS, Damásio Evangelista de. **Direito penal** – parte especial. v. 4. 13. São Paulo: Saraiva, 2006.

JUSTEN FILHO, Marçal. **Comentários à Lei de Licitações e Contratos Administrativos**. 16. ed. São Paulo: RT, 2014.

KANT, Immanuel. **Fundamentação da metafísica dos costumes**. Tradução, introdução e notas de Guido de Almeida. Coleção Philosophia. São Paulo: Discurso Editorial: Barcarola, 2009.

KELSEN, Hans. **Teoria pura do direito**. São Paulo: Martins Fontes, 1991.

KENDRA, Thomas; BONINI, Anna. Dealing with corruption allegations in international investment arbitration: reaching a procedural consensus? **Journal of International Arbitration**, v. 31, p. 439-453, 2014.

KREINDLER, Richard, Aspects of illegality in the formation and performance of contracts. *In*: Albert Jan van den Berg (ed.). **International commercial arbitration**: important contemporary questions, ICCA Congress Series, v. 11, Kluwer Law International, 2003.

KREINDLER, Richard. **Competence-competence in the face of Illegality in contracts and arbitration agreements**. Hague Academy of International Law, 2013.

LAMAS, Natália Mizrahi. Introdução e princípios aplicáveis à arbitragem. *In*: (coord.) LEVY, Daniel; PEREIRA, Guilherme Setoguti J. **Curso de arbitragem.** São Paulo: RT, 2018.

LALIVE, Pierre. Transnational (or truly international) public policy and international arbitration in Pieter Sanders (ed.). **Comparative arbitration practice**

and public policy in arbitration. ICCA Congress Series v. 3, New York: Kluwer Law International, 1986.

LEE, João Bosco. **Arbitragem comercial internacional nos países do Mercosul**. Curitiba: Juruá, 2002.

LEMES, Selma M. Ferreira. **Arbitragem na concessão de serviços públicos**: Arbitrabilidade objetiva. Confidencialidade ou publicidade processual. Disponível em: http://selmalemes.adv.br/artigos/artigo_juri15.pdf. Acesso em: 10 abr. 2020.

LESPIAU, Marion; GOFF, Mark. Investigating allegations of corruption *In*: **International arbitration**: practical considerations. Kluwer Arbitration Blog, 2020.

LEVY, Fernanda. Da responsabilidade civil dos árbitros e das instituições arbitrais. *In*: (coord.) NERY, Rosa Maria de Andrade; DONNINI, Rogério. **Estudos em homenagem ao Professor Rui Geraldo Camargo Viana**. São Paulo: RT 2009.

LLAMZON, Aloysius. **Corruption in international investment arbitration**. Oxford University Press, 2014.

LUDWIG, Marcos de Campos. **A reforma da arbitragem** – impedimento e suspeição de árbitros no direito brasileiro por falta de independência e imparcialidade: análise legislativa, pesquisa jurisprudencial e esboço de melhores práticas. Rio de Janeiro: Forense, 2016.

MAGALHÃES, José Carlos. A ética das partes na arbitragem. **Revista do Advogado**, São Paulo, v. 33, ano XXXIII, n. 119, abr. 2013.

MAKINWA, Abiola O. Civil remedies for international corruption: the role of international arbitration. *In*: MEYER, Olaf (ed.). **The civil law consequences of corruption**. Nomos Verlagsgesellschaft mbH & Co. KG, 2009.

MARÇAL, Juliana. A ética como elemento caracterizador da arbitragem. **Revista de Arbitragem e Mediação**, v. 62, 2019.

MARTINS, José Antônio. **Corrupção**. São Paulo: Globo, 2008.

MARTINS, Pedro A. Batista. ***Apontamentos sobre a lei de arbitragem***. Rio de Janeiro: Forense, 2008.

MARTINS-COSTA, Judith; NITSCHKE, Guilherme Carneiro Monteiro. Contratos duradouros lacunosos e poderes do árbitro: questões teóricas e práticas. **Revista Jurídica Luso-Brasileira**, ano 1, n. 1, 2015.

MAYER, Pierre. **Mandatory rules of law in international arbitration**. Arbitration International. v. 2. Kluwer Law International, 2014.

MEDAUAR, Odete. **Direito administrativo moderno**. 3. ed. São Paulo: RT, 1999.

MEIRELLES, Hely Lopes. **Direito administrativo brasileiro**. São Paulo: RT, 1991.

MELLO, Oswaldo Aranha Bandeira de. **Princípios gerais de direito administrativo**. São Paulo: Forense, 1969.

MESHEL, Tamar. The use and misuse of the corruption defence in international investment arbitration. **Journal of International Arbitration**, v. 30, Kluwer Law International, 2013.

MILLS, Karen. Corruption and other illegality in the formation and performance of contracts and in the conduct of arbitration relating thereto. *In*: Albert Jan van den Berg (ed.). **International Commercial Arbitration**: important contemporary questions, ICCA Congress Series, v. 11, 2002.

MIRABETE, Julio Fabbrini. FABBRINI, Renato. **Manual de direito penal**. 34. ed. São Paulo: Atlas, 2019.

MOURRE, Alexis. Arbitration and criminal law: jurisdiction, arbitrability and duties of the arbitral tribunal. *In*: MISTELIS, Loukas A.; BREKOULAKIS, Stavros. (eds.). **Arbitrability**: international and comparative perspectives. Kluwer Law International, 2009.

NANNI, Giovanni Ettore, **Direito civil da arbitragem e na arbitragem.** Disponível em: www.direitoaoponto.com.br/o-direito-civil-da-arbitragem-e-na-arbitragem/. Acesso em: 22 nov. 2020.

NANNI, Giovanni Ettore. **Direito civil e arbitragem**. São Paulo: Atlas, 2014.

NANNI, Giovanni Ettore. **Enriquecimento sem causa**. 2. ed. São Paulo: Saraiva, 2010.

NANNI, Giovanni Ettore; VISCONTE, Debora. **A ética e a arbitragem**. Centro de Estudos de Sociedades de Advogados (CESA). Anuário 2014.

NALINI, José Renato. **Ética geral e profissional**. 5. ed. São Paulo: RT, 2006.

NUCCI, Guilherme de Souza. **Código Penal comentado**. 17. ed. Rio de Janeiro: Forense: 2017.

NUCCI, Guilherme de Souza **Código de Processo Penal comentado**. 19. ed. Rio de Janeiro: Forense, 2020.

OECD. World Bank. **Identification and quantification of the proceeds of bribery**. Revised edition. OECD Publishing, 2012.

OLIVEIRA, Gustavo J. de. Conciliando a arbitragem e a administração pública. **Jornal Valor Econômico**, 2016. Disponível em: http://www.justinodeoliveira.com.br/conciliando-arbitragem-e-administração-publica. Acesso em: 12 ago. 2020.

PAGLIARIO, Antônio; COSTA JÚNIOR, Paulo José da. **Crimes contra a administração pública**. 2. ed. São Paulo: Malheiros, 1997.

PEREIRA, Caio Mário da Silva. **Instituições de direito civil**. v. I. 25. ed. Rio de Janeiro: Forense, 2012.

PEREIRA, Cesar. Corrupção e arbitragem: os árbitros diante da alegação ou constatação de práticas ilícitas pelas partes. **Informativo Justen, Pereira, Oliveira e Talamini**, Curitiba, n. 138, 2018. Disponível em: http://www.justen.com.br/informatibo. Acesso em: 10 jul. 2020.

PETSCHE, Alexandre; KLAUSNER, Alexandra. Arbitration and corruption. *In*: KLAUSEGGER, Christian; KLEIN, Peter *et al.* (eds.). **Austrian Yearbook on International Arbitration**, 2012.

PINTO, José Emilio Nunes. A importância da ética na arbitragem. *In*: **Âmbito Jurídico 2003**. Disponível em: http://www.ambito-juridico.com.br/site/index.php?n_link=revista_artigos_leitura&artigo_id=3859. Acesso em: 15 maio 2020.

PLATÃO. **A República**. Tradução, textos complementares e notas de Edson Bini. 2. ed. São Paulo: Edipro, 2012.

PLATÃO. **Górgias**, Tradução de Daniel Lopes. São Paulo: Perspectiva, 2011.

PWC. **Global economic crime and fraud survey 2018**: pulling fraud out of the shadows. Disponível em: https://www.pwc.com/m1/en/publications/economic-crime-fraud-survey-2018.html. Acesso em: 24 nov. 2020.

RAOUF, Mohamed A. How should international arbitrators tackle corruption issues? *In*: FERNÁNDEZ-BALLESTEROS, Miguel Ángel; ARIAS, David (eds.). **Liber Amicorum Bernardo Cremades**. Wolters Kluwer España, 2010.

REYMOND, Lalive Poudret. **Le droit de l'arbitrage interne e international en Suisse**. Disponível em: www.helbing.ch/.../Le-droit-de-larbitrage-interne--et-international. Acesso em: 22 nov. 2020.

RODRIGUES, Oswaldo Peregrina; STEFANO, Isa Gabriela de Almeida. **Teoria geral do direito civil**. 2. ed. São Paulo: Verbatim, 2017.

ROSE, Cecily. Questioning the role of international arbitration in the fight against corruption. **Journal of International Arbitration**, v. 31, Kluwer Law International, 2014.

SANDEL, Michael. **Justiça:** O que é fazer a coisa certa. Tradução de Heloísa Matias e Maria Alice Máximo. 8. ed. Rio de Janeiro: Civilização Brasileira, 2012.

SANTOS, Renato de Almeida dos. ***Compliance* como ferramenta de mitigação e prevenção da fraude organizacional**. 2011. Dissertação (Mestrado em Direito). Pontifícia Universidade Católica de São Paulo (PUC-SP), São Paulo, 2011.

SANTOS, Renato de Almeida dos; AMORIM, Cristina; DE HOYOS, Arnoldo. Corrupção e fraude: princípios éticos e pressão situacional nas organizações. **Journal on Innovation and Sustainability**. v. 1, n. 2, 2010.

SAYED, Abdulhay. **Corruption in international trade and commercial arbitration**. The Hague/London/New York. Kluwer Law International, 2004.

SCHERER, Matthias. Circunstantial evidence in corruption before international tribunals. *In*: **International Arbitration Law Review**, London, 2002.

SEREC, Fernando Eduardo; NANNI, Giovanni Ettore; FARIA, Pedro Bento de. **Global Arbitration Review Know-How**. Publicado em: 7 de julho de 2015. Disponível em: http://globalarbitrationreview.com/know-how/topics/61/jurisdictions/6/brazil/. Acesso em: 22 nov. 2020.

TERRIEN, Armand. Decisions of the Paris Court of Appeal and French Supreme Court in 2019. **Kluwer Arbitration Blog**, 2020.

TRANS-LEX. **Law Research**. Disponível em: https://www.trans-lex.org/701100/_/iba-rules-of-ethics-for-international-arbitrators-1987/. Acesso em: 23 nov. 2020.

TRIBUNAL DE CONTAS DA UNIÃO. **Seguro feito por licitantes pode negar indenização a atos emanados de corrupção**. Publicado em: 12-07-2019. Disponível em: https://portal.tcu.gov.br/imprensa/noticias/seguro-feito-por-licitantes-pode-negar-indenizacao-a-atos-emanados-de-corrupcao.htm. Acesso em: 23 nov. 2020.

TUCCI, José Rogério Cruz e. **Questões polêmicas do processo arbitral**. São Paulo: Quartier Latin, 2019.

TUCCI, José Rogério Cruz e. Ética e lealdade no processo arbitral. **Revista do Advogado da AASP**, n. 145, abr. 2020.

VADI, Valentina. When cultures collide: foreign direct investment, natural resources and indigenous heritage in international investment law. ***Columbia Human Rights Law Review***, 2011.

VÉRAS, Felipe Sebhastian Caldas. **Arbitragem e corrupção**: um estudo sob a perspectiva do direito brasileiro. Dissertação (Mestrado em Direito). Universidade Federal de Minas Gerais, 2020.

VERÇOSA, Fabiane; MONEGALHA, Guilherme. Como deve se comportar o árbitro diante de indícios e provas de corrupção? Algumas impressões. **Revista de Arbitragem e Mediação**, v. 63, 2019.

VIDAL, Marina Coelho Reverendo. **A arbitragem internacional como instrumento no combate à corrupção**. 2020. Dissertação (Mestrado em Direito) – Programa de Estudos Pós-Graduados em Direito, Pontifícia Universidade Católica de São Paulo, São Paulo, 2020.

WALD, Arnoldo. Jurisprudência comentada: STJ, Corte Especial, SEC n. 802, Min. José Delgado. **Revista de Arbitragem e Mediação**. São Paulo: RT, ano 2, n. 7, out.-dez., 2005.

WETTER, J. Gillis. Issues of corruption before international arbitral tribunals: the authentic text and true meaning of judge Gunnar Lagergren's 1963 award in ICC case n. 1110. **Arbitration International**, v. 10, LCIA, Kluwer Law International, 1994.

WILSKE, Stephan; FOX, Todd J. Corruption in international arbitration and problems with standard of proof: baseless allegations or prima facie evidence? *In*: KRÖLL, Stefan Michael; MISTELIS, Loukas A. *et al.* (eds.). **International arbitration and international commercial law**: synergy, convergence and evolution. Kluwer Law International, 2011.

Referências normativas

(Associação Brasileira de Normas Técnicas – ABNT)

ABNT NBR 6023: 2018 – Informação e documentação – Referências – elaboração

ABNT NBR 6022:2018 – Informação e documentação – Artigo em publicação periódica técnica e/ou científica – Apresentação

ABNT NBR 6027: 2012 – Informação e documentação – Informação e documentação – Sumário – Apresentação

ABNT NBR 14724: 2011 – Informação e documentação – Trabalhos acadêmicos – Apresentação

ABNT NBR 15287: 2011 – Informação e documentação – Projetos de pesquisa – Apresentação

ABNT NBR 6034: 2005 – Informação e documentação – Índice – Apresentação

ABNT NBR 12225: 2004 – Informação e documentação – Lombada – Apresentação

ABNT NBR 6024: 2003 – Informação e documentação – Numeração progressiva das seções de um documento escrito – Apresentação

ABNT NBR 6028: 2003 – Informação e documentação – Resumo – Apresentação

ABNT NBR 10520: 2002 – Informação e documentação – Citações em documentos – Apresentação

ANOTAÇÕES

ANOTAÇÕES

ANOTAÇÕES

EDITORA
JusPODIVM
www.editorajuspodivm.com.br

RENOVA
GRAF
www.renovagraf.com.br